Arquitectura del Éxito

Camilo Cruz, Ph.D.

Arquitectura del Éxito

El Gran paradigma acerca de la felicidad en el nuevo milenio

7️⃣ TALLER DEL ÉXITO

Arquitectura del Éxito

Editorial Taller del Éxito
1700 NW 65th Ave., Suite 8
Plantation, Florida 33313
Estados Unidos
Teléfono: 1+(954)3215560
Fax: 1-(954)3215422
www.tallerdelexito.com
info@tallerdelexito.com

Editorial dedicada a la difusión de libros y audiolibros de desarrollo personal, crecimiento personal, liderazgo y motivación.

ISBN: 1-931059-08-X

Diseño de la carátula: © 2002 Diego Cruz
Impreso por: D'vinni Ltda.

Impreso en Colombia - Printed en Colombia

7ª EDICIÓN

A mis hijos Richard Alexander, Mark Anthony y
Daniel Sebastian, quienes llenan de amor y felicidad
cada minuto de mi existencia, y quienes, sin
proponérselo, me han ayudado a redefinir las
verdaderas prioridades que hoy guían mi vida.

A mi esposa Shirley,
Por su infinito amor, comprensión y apoyo
Sin los cuales esta obra no hubiese sido posible.

Prólogo

A lo largo de la Historia, pocos han sido los momentos cronológicos que, debido a su aparente grandiosidad, hemos revestido con el misticismo y trascendencia con que hemos adornado el principio de un nuevo milenio. Instantes como este suelen ofrecernos una ineludible oportunidad para hacer un alto en la estrepitosa carrera de la vida, y evaluar concienzudamente los avances, cambios o reveses que hayamos experimentado personalmente, como sociedad, o como parte de este hermoso y turbulento planeta. Haciendo uso de esta oportunidad, tan propicia para filosofar y profetizar, he decidido examinar una área a la cual he dedicado los últimos ocho años de mi vida: el éxito. Con el siglo XXI a la vuelta de la esquina, decidí examinar la historia de la humanidad en busca de la respuesta a uno de mis mayores interrogantes.

Parece ser que en algún momento a lo largo de la línea del tiempo que conecta la aparición del hombre de las cavernas y el día de hoy, algo muy extraño ocurrió. Poco a poco las personas comenzaron a perder control de sus vidas. Es como si de repente hubiésemos perdido el poder interior que toda persona posee para ejercer control sobre su propio destino. O tal vez, es posible que lo que realmente haya sucedido fue que por alguna razón, quizá sin quererlo, o por encontrarlo fácil de hacer, comenzamos a ceder a fuentes externas gran parte de la responsabilidad por nuestro éxito *personal. Es como si voluntariamente hubiésemos decidido renunciar a jugar nuestro papel en el logro de nuestros propios sueños, acaso por desesperanza, temor, cobardía o simplemente por pereza.*

Posiblemente todo comenzó cuando las civilizaciones antiguas empezaron a creer y aceptar que su éxito, su bienestar personal y su felicidad individual dependían del rey, emperador, conquistador o monarca de turno, y que si a él le rendían pleitesía y le pagaban tributos, él, a su vez, debía asumir la responsabilidad de responder a las necesidades de sus súbditos.

No obstante, aun después de recobradas muchas de las libertades perdidas y los derechos básicos del ser humano, como el derecho a la libertad, a la felicidad, al libre albedrío, muchas personas decidieron continuar permitiendo que dicha responsabilidad reposara fuera de ellas, con la esperanza de que algún día, alguien, en algún lugar y de alguna manera hiciera algo o propiciara las circunstancias que les permitieran ser felices y alcanzar el éxito.

Para aquellos lectores que a esta altura puedan estar preguntándose si no estoy llevando demasiado lejos esta postura, permítanme hacerles una pregunta: ¿Cuántos de ustedes conocen por lo menos a una persona que en algún momento, tratando de explicar un fracaso, ha apuntado su dedo, buscando culpables a su alrededor?

Tan profundamente enterrada en nuestro subconsciente se encuentra esta actitud, que la mayoría de las personas poseen un variado arsenal de justificaciones, excusas, mitos, mentiras, suposiciones y disculpas para explicar cualquier tropiezo. Curiosamente, lo único que todas estas disculpas tienen en común es que sitúan la culpabilidad fuera de nosotros. Para la persona medio-

cre, su fracaso es el resultado de la discriminación, del sistema, de la falta de amor por parte de su familia, de apoyo por parte de los amigos, de la envidia de los demás, o simplemente de la falta de oportunidades. Los menos atrevidos culpan al destino, mientras los más sofisticados culpan a la situación económica, al sistema político o a las tendencias globales.

Muchos culpan a Dios por sus desventuras. Los más cínicos profesan que "no es lo que uno sepa sino a quién conozca". Los resignados aceptan que "lo que ha de ser para uno será para uno, y que si no ocurre, pues no era para uno, y por algo será, y a lo mejor no me convenía", o que "lo importante no es ganar o perder, sino haber tomado parte en el juego". Toda una serie de diferentes maneras de justificar su mediocridad que los exonera de toda culpa. Para todos ellos, sus fracasos parecen ser siempre el resultado de una conspiración en su contra.

Verdaderamente es fácil racionalizar nuestra mediocridad y encontrar culpables por nuestros fracasos, si de antemano hemos aceptado que la responsabilidad por nuestro éxito y felicidad personales no es enteramente nuestra. No obstante, independientemente de cuál sea la excusa que optemos por utilizar para justificar nuestra mediocridad, hay tres cosas claras acerca de todas ellas: Primera, que si nos ponemos en la tarea de encontrar una excusa, con toda seguridad la encontraremos, segunda, que si damos excusas, seguramente encontraremos aliados, que se unan a nuestra causa, o por lo menos personas que las crean; y tercera, que el dar excusas no cambia la realidad de las circunstancias que buscamos justificar con ellas.

Así que después de muchos años de esperar vanamente que alguien hiciera algo por nuestra felicidad, después de muchos años *de estar cansados de estar cansados, después de muchos años de clamar justicia y pedir oportunidades desde la comodidad de nuestro sillón favorito frente al televisor, después de encontrar cuanta excusa fue posible encontrar sin que nada cambiara, hemos llegado frente al mayor de todos los paradigmas sobre la felicidad y el éxito en el nuevo milenio. ¿Cuál es este paradigma? Muy simple:*

El ciento por ciento de la responsabilidad por nuestro éxito radica en nosotros mismos. Debemos mirar hacia adentro y no hacia afuera en busca, tanto de la responsabilidad, como de las respuestas a los problemas o circunstancias que podamos estar enfrentando. En esta era de información intensificada, el poder no está en poseer el conocimiento, sino en tomar acción inmediata, aceptando total responsabilidad por nuestra felicidad y por la realización de nuestros sueños.

Bien decía el poeta Amado Nervo: "Porque veo, al final de mi rudo camino, que yo fui el arquitecto de mi propio destino". Ahora bien, / una vez aceptado el hecho de que la responsabilidad por nuestra felicidad es totalmente nuestra, el primer paso es determinar qué es exactamente la felicidad.

Ser feliz es una de esas ideas que, en el mejor de los casos, la inmensa mayoría de las personas sólo logra definir utilizando una de varias vagas e imprecisas expresiones como: Ser feliz es tener éxito; ser feliz es vivir bien; ser feliz es no hacerle mal a nadie o ser feliz es no tener problemas.

Es precisamente esta falta de claridad la causante de la infelicidad que muchas personas dicen estar experimentando en sus vidas. Los decenios 60 y 70 de este siglo fueron el período del amor libre, las manifestaciones no sólo en contra de lo establecido, y en general, de todo aquello que no estuviese de acuerdo con nuestras creencias personales. Para muchas personas, felicidad fue sinónimo de rebeldía, protesta y libertad sin fronteras.

En los años 80 una sobrepreocupación inusitada con la moda, con el qué dirán, con mantener cierto status, con el éxito profesional y las posesiones materiales trajo una efímera felicidad a quienes daban gran valor a lo material y lo externo. Los años 90 han sido una época de búsqueda constante por un balance entre lo material y lo espiritual. La buena salud está de moda, los gimnasios están viviendo su época de renacimiento y nunca antes la literatura de éxito y autoayuda tuvo tanto apogeo.

No obstante, en la década de los 70 la libertad sin fronteras se convirtió en libertinaje para muchas personas que, desencantadas, cayeron en los vicios de las drogas y la promiscuidad sin medida. Los años 80 fueron también un tiempo de corrupción y escándalos, de crímenes de cuello blanco, de SIDA, de aumento de la violencia absurda y desmedida a manos de niños y adolescentes. Y los años 90 han sido hasta ahora una época de profunda reflexión y preocupación acerca de la pérdida de valores y principios que así como fueron fundamento de la convivencia deben garantizar un mejor futuro para las nuevas generaciones.

Así que nos encontramos a las puertas de un nuevo milenio con la necesidad de empezar otra época con un nuevo paradigma acerca de lo que verdaderamente nos puede hacer felices. A lo largo de los siguientes capítulos veremos qué debemos hacer y qué se puede interponer en nuestro camino. Porque lo cierto es que aunque todos profesemos estar buscando la felicidad, pocos sabemos cómo conseguirla, porque la inmensa mayoría no hemos tomado el tiempo para definirla claramente.

Empecemos entonces por decir que ser feliz es, por sobre todo, una decisión personal.

Bien decía Abraham Lincoln: "Cada persona es tan feliz como se propone serlo". Cada día, cada mañana al levantarte, tienes la oportunidad de escoger entre ser feliz o infeliz, entre hacer de ése un día memorable o simplemente un día más.

Ser feliz es una actitud.

Cada vez que encaras una nueva empresa, cada vez que afrontas cualquiera de las situaciones que la vida te presente, cada situación imprevista que encuentres a lo largo del camino te da la oportunidad de responder positivamente o de reaccionar negativamente, y es precisamente esta respuesta la que determina el grado de felicidad o infelicidad que experimentemos como resultado de este hecho.

Ser feliz es no permitir que el tráfico, la lluvia, el calor, el frío, o el tener que esperar en fila a ser atendido, determine tu estado de ánimo.

Ser feliz es hacer lo que amamos y amar lo que hacemos, es tener grandes expectativas de nuestra vida, y esperar siempre lo mejor de las demás personas.

Pero, por sobre todo, ser feliz es experimentar un balance en nuestras vidas. Es poseer metas que respondan a todas y cada una de las facetas de nuestra vida y asegurarnos que día a día caminemos hacia la realización de dichas metas. Es tener propósitos personales, profesionales y familiares, y hacerlos parte de un plan de acción que nos ayude a mantener un balance en nuestras vidas.

Cómo leer y desarrollar esta guía para obtener óptimos resultados

Yo estoy plenamente convencido de que este libro puede cambiar totalmente tu vida, y puede proveerte las herramientas para tener una vida plena y feliz, rica en emociones y abundante en éxitos. No obstante, la lectura y desarrollo del material no pueden ser una actividad pasiva. No quiero que simplemente participes en la lectura del texto, sino que estés totalmente comprometido en el desarrollo del material.

Quiero que leas profundamente cada línea, que reflexiones acerca de cada concepto, y que enterado de las ideas te las apropies para que puedan darle un vuelco total a tu vida. Si tomas el tiempo necesario para desarrollar los ejercicios que encontrarás en cada uno de los capítulos, cuando termines de desarrollar esta guía, ella habrá dejado de ser mi libro, para pasar a convertirse en tu plan personal de éxito. Podrás escribir tu nombre en la primera página como coautor, ya que en él verás plasmada una inmensa contribución de tu propia vida y experiencias.

*Para aumentar la efectividad del sistema consigue una libreta para tomar notas. En ella apuntarás ideas que se te ocurran a medida que lees el libro; ésta será de vital importancia en el desarrollo de tu plan de acción. Puedes titular tu libreta: **Plan de éxito personal de... y escribe tu nombre.***

También te pido que, al igual que Franklin lo hiciera para desarrollar hábitos de éxito, tú dediques una semana a la lectura y desarrollo del material que encontrarás en cada capítulo. Si es necesario, lee cada uno de ellos un par de veces, reflexiona en tus respuestas, escribe y reescribe tus metas hasta que sientas que verdaderamente reflejan el futuro que deseas ver realizado.

Cada capítulo, con excepción del primero, te permitirá examinar una faceta distinta de tu vida. En cada uno de ellos encontrarás ejercicios que requerirán tu total atención y compromiso. Te prometo que si desarrollas cada ejercicio a cabalidad, y te comprometes a adquirir los hábitos para el éxito que identificarás a lo largo de este viaje, tu vida nunca será la misma. Descubrirás la felicidad de vivir plenamente y encontrarás que no hay sueños imposibles de realizar, o metas que estén fuera de tu alcance. Acepta el reto de convertirte en el triunfador que fuiste destinado a ser. Tú sabes que lo mereces, siempre lo has deseado. De otra manera no estarías leyendo este libro. Ahora, las llaves de cómo lograrlo están en tus manos.

*Primero que todo, cada capítulo te dará la oportunidad de **autoevaluarte** y determinar si estás o no prestando suficiente atención a cada una de las áreas de tu vida. Toma el tiempo necesario para realizar concienzudamente cada una de estas evaluaciones. Una vez terminada, para de leer, toma tu libreta y dedica un par de horas para reflexionar acerca de los resultados de la evaluación. Escribe en tu libreta todo lo que crees que debes cambiar. Identifica acciones específicas que te permitan comenzar a efectuar cambios positivos en tu vida hoy mismo.*

Recuerda que toda meta que no se traduzca en acción inmediata no es una buena meta. ¡Empieza hoy mismo!

*Al final de cada capítulo encontrarás ejercicios adicionales. Tu **Plan de Acción**, que no es más que una serie de interrogantes e ideas que buscan proveerte con acciones específicas para que empieces a desarrollar hábitos de éxito. Al desarrollar este plan, ten presente las respuestas de tu autoevaluación.*

Te sugiero que no trates de sentarte y dar la mejor respuesta que puedas encontrar en el momento. En su lugar, lee dos o tres veces todos los interrogantes, y durante las siguientes veinticuatro horas permite que tu mente consciente y subconsciente te ayuden a reflexionar objetivamente acerca de cada una de ellas. Lleva tu libreta siempre contigo, ya que nuestra mente suele enviar grandes ideas cuando menos lo esperamos. Al final de esas veinticuatro horas, siéntate y desarrolla tu plan de acción.

El tercer ejercicio que encontrarás es uno de los más importantes de esta guía. Te brinda la oportunidad de identificar metas que respondan a las diferentes facetas de tu vida. Recuerda que sólo si sabemos hacia dónde vamos, podremos encontrar la mejor manera de llegar allí. La manera de completar la sección titulada **Mis diez metas** *(en cada área de tu vida)* **más importantes***, está explicada al final del segundo capítulo. Esta parte tomará entre veinticuatro y cuarenta y ocho horas. Toma más tiempo si lo juzgas necesario. Recuerda que la efectividad de este sistema depende del tiempo que dediques al desarrollo de los diferentes ejercicios, y de tu nivel de compromiso para con él.*

Finalmente, cada capítulo culmina con una sección titulada **Afirmaciones de Exito***. Lo que esta sección busca es ayudarte a reprogramar tu mente subconsciente con ideas de éxito que te permitan hacer propios y afianzar cada uno de los componentes de tu plan de éxito. Al principio de cada día toma una afirmación distinta, y repítela de tres a cinco veces. Después, repítela nuevamente a lo largo de tu día. Si es necesario, escríbela en tu libreta. De igual manera, agrega afirmaciones de tu propia cosecha.*

Recuerda que el diálogo interno es la única manera de programar o reprogramar tu mente subconsciente. El repetir estas afirmaciones convincentemente y con entusiasmo, no sólo te proveerá de una mejor actitud, sino que cambiará totalmente tu propia percepción de quién eres, y afianzará tu compromiso para con tus metas, sueños y aspiraciones.

Mucha suerte en el camino que estás empezando a recorrer, y que seguramente le dará un vuelco total a tu vida. Si sigues las pautas presentadas en cada capítulo, al terminar de leer este libro contarás con un plan personalizado que te permitirá vivir una vida plena y feliz.

El autor

La falta de equilibrio:
El origen del problema

Toma tiempo para pensar...
El pensamiento es la fuente del poder.
Toma tiempo para leer...
La lectura es la fuente de la sabiduría.
Toma tiempo para trabajar...
El trabajo es el precio del éxito.
Toma tiempo para orar...
La oración es el mayor poder sobre la Tierra.
Toma tiempo para jugar...
El juego es el secreto de la eterna juventud.
Toma tiempo para dar...
La vida es demasiado corta para ser egoístas.
Toma tiempo para reír...
La risa es la música del espíritu.
Toma tiempo para ser amigable...
La amistad es el camino a la felicidad.
Toma tiempo para amar y ser amado...
El amor es un privilegio otorgado por Dios.

Capítulo 1

La falta de equilibrio:
El origen del problema

El ser humano es un ser multidimensional. Muchos son los ejemplos, unos muy notorios y otros sólo conocidos por quienes los han vivido, que muestran las terribles consecuencias que vienen como resultado de ignorar esta realidad. Frustración, gran potencial totalmente inexplotado, depresión, victorias huecas y remordimientos son algunas de las emociones y consecuencias de esta falta de balance en nuestras vidas.

- A finales del decenio de los 80 el inversionista norteamericano Iván Bolskey amasa una gran fortuna en la bolsa de valores, pero termina en la cárcel por comprometer su ética profesional en su afán de acrecentar su riqueza material. Este se convertiría en el primero, de muchos casos similares, en que se vieron implicadas personas que ante los ojos de cualquiera poseían tanto dinero que era imposible comprender el porqué habían arriesgado tanto.

- La última década del siglo xx vio implicados a decenas de presidentes, ministros y otros políticos, en una serie de escándalos que han horrorizado a la opinión pública. En nuestro continente solamente, un puñado de expresidentes se encuentran en la cárcel o prófugos de la justicia por enriquecimiento ilícito, malversación del tesoro público y corrupción.

- El cantante de *rock* Nirvana se suicida poco después que su esposa da a luz, en un momento en que experimentaba gran éxito en el mundo artístico, víctima de la depresión y de lo que él llama una vida hueca. Al mismo tiempo, el suicidio de adolescentes alcanza niveles alarmantes.

- La vida de la actriz Elizabeth Taylor ha estado llena de numerosos reconocimientos por parte de sus colegas, al igual que de numerosas relaciones inestables y divorcios, ocho hasta el momento. Y este fénomeno ha dejado de ser uno de los llamados males oriundos de Hollywood. En algunos países la tasa de divorcios sobrepasa el 50%.

- Guillermo de la Campa, a quien tuve la oportunidad de conocer hacia el fin de los años 80, logró crear una excelente empresa, pero muere en un momento de gran éxito profesional, víctima de enfisema pulmonar, como resultado de fumar y no cuidar su salud. Hoy, los médicos concuerdan en que gran parte de las causas de muerte en los últimos años son el resultado de la falta de ejercicio y cuidado con la dieta alimenticia, y la adopción de estilos de vida plagados de malos hábitos.

- Para Carlos Andrade, joven ejecutivo de una de las compañías de comunicaciones más importantes de Estados Unidos, las cosas no podían haber estado marchando mejor. Su trabajo no sólo le apasionaba, sino que consumía gran parte de su vida. Una noche al llegar a casa, encuentra que su esposa se ha marchado y le ha dejado esta nota: *Actúas como si yo no existiera. Ya no deseo vivir un día más esta clase de vida. Adiós.* De repente desaparece toda una faceta de su vida.

Para Guillermo y Carlos, al igual que para millones de personas, el éxito y la felicidad en cierta faceta de su vida parecen venir acompañados por un revés en otra área. Retrospectivamente, muchas de estas personas racionalizan su situación con expresiones como las siguientes: "No hay nada completo, todo triunfo tiene un precio, y ese precio parece siempre ser demasiado alto"; "definitivamente uno no puede tener todo lo que quiere"; o "si queremos algo, pues hay que hacer sacrificios muy costosos, pero ése es el precio".

Sin embargo, lo cierto es que esto no tiene que ser así, y la manera de evitarlo es muy sencilla. En el proceso de fijar metas a corto y largo plazos, debes tener presente no descuidar ninguna de las múltiples facetas de tu vida. El éxito profesional, por ejemplo, es de poco valor si se obtiene a costa de tu salud, o si crea un distanciamiento entre tú y tus seres queridos. Cuando te dispongas a fijar metas y a desarrollar tu plan de acción debes tener presente el valor de mantener un balance en tu vida. A todo lo largo de este libro examinaremos la gran importancia de sentar metas profesionales, familiares, para tu crecimiento intelectual y espiritual, las que respondan a tus necesidades de esparcimiento y diversión, aquéllas que te ayuden a mejorar y mantener una buena salud y un buen estado físico, y las financieras o materiales.

Sentar metas que respondan a las necesidades de cada una de las diferentes facetas de tu vida es la clave para vivir una vida plena y feliz. El problema es que casi nunca nos detenemos a analizar estas siete áreas de nuestra vida para ver si estamos sentando metas en cada una de ellas y, como consecuencia de ello, llevamos una vida fuera de balance. Es fundamental sentar metas y objetivos claros en cada una de estas áreas, ya que el hacerlo es parte esencial de cualquier plan de éxito. ¿Cómo lograr esto? En una de mis conferencias titulada *El balance en nuestras vidas*, desarrollo un paralelismo entre la manera como fijan sus metas las grandes corporaciones y la manera como nosotros deberíamos hacerlo.

Las empresas u organizaciones cuentan, por lo general, con un líder empresarial, quien lleva las riendas de la empresa, y con una junta directiva que, junto con él o ella, determina la misión y los objetivos de la misma. Es común que, cuando se está a punto de tomar una decisión de gran envergadura, se reúnan las dos partes. El primero escucha con atención a todos los miembros de su junta antes de tomar una determinación sobre cuáles serán los objetivos de la empresa y cuál el camino más conveniente para alcanzarlos.

Comoquiera que esta idea ha demostrado ser una manera inteligente y efectiva de trabajar, quiero sugerir que utilicemos un modelo similar para desarrollar nuestro plan de éxito personal.

Quiero que por un momento imagines que tu mente subconsciente es como una gran empresa, una planta generadora de ideas y sueños, y otro gran número de emociones y deseos. Una de tus responsabilidades más importantes como presidente o presidenta de esta empresa es el invertir suficiente tiempo en planear tu futuro, fijando metas y tomando un sinnúmero de decisiones acerca de cómo responder a las circunstancias que enfrentas constantemente.

Ahora imagínate en la sala de reuniones de tu empresa. Contigo a la cabeza, se encuentran los siete miembros de tu junta directiva. cada uno de ellos representa una de las múltiples facetas de tu "ser", de tu "yo".

Allí se encuentran tu ser profesional, tu ser intelectual, tu ser espiritual, tu ser familiar, tu ser salud y estado físico, tu ser recreativo y tu ser financiero. Cada uno ha decidido dedicar su vida a proteger, mejorar y desarrollar los diferentes aspectos de la faceta que ellos representan. Y como seguramente notarás a lo largo de esta reunión, cada cual busca proyectar sus deseos o intereses, tal vez en forma un tanto egoísta, como los más importantes de tu vida. No te extrañe, por ejemplo, que al momento de sentar metas, tu ser profesional quiera que te concentres exclusivamente en tus objetivos profesionales, sin importarle las necesidades de las otras áreas de tu vida. Después de todo, desde su punto de vista, tus metas profesionales deberían ser tu mayor prioridad.

Es así como constantemente pueden surgir discrepancias y hasta violentas confrontaciones entre tu ser profesional, para quien el alcanzar nuevos logros en tu profesión debe ser tu prioridad número uno, y tu ser familiar, quien no puede aceptar ser relegado a segundos lugares como consecuencia de tu afán por triunfar profesionalmente. Esta situación de aparente conflicto, se hace aún más difícil si tomas en cuenta que, en el fondo, cada uno de ellos desea tu éxito personal.

Tu trabajo, entonces, consiste en escuchar a cada uno de los miembros de tu junta directiva, en descubrir cuáles son sus metas más ambiciosas, en escuchar atentamente sus quejas, y en tomar atenta nota de manera que al desarrollar tu plan de éxito personal, todas las facetas de tu "ser" se vean representadas.

Si logras esto, habrá armonía en tu vida, y verás cómo es posible alcanzar que estas individualidades cooperen y trabajen sinérgicamente para proveerte las herramientas, la energía y la visión que te permitan vivir una vida plena y feliz.

Si por el contrario, no escuchas los deseos y preocupaciones de cada uno de ellos, es posible que tu plan no responda a los múltiples intereses de tu ser, lo cual traerá como resultado una vida fuera de balance, caótica y marcada por los continuos conflictos entre las diferentes facetas de tu vida.

Es triste la apreciación que aún persiste entre muchos individuos a este respecto. Hace algunas semanas, escuchaba una emisión radial en la cual el conductor del programa efectuaba una pregunta, y posteriormente los oyentes podían llamar y participar. En aquella ocasión la pregunta fue: ¿Usted qué preferiría, alcanzar el éxito o ser feliz? y a lo largo de una hora, escuché a decenas de personas presentar los que en su opinión eran argumentos válidos, que justificaban el porqué habían escogido el éxito o la felicidad. Y todos lo hicieron sin darse cuenta de que en virtud de haber escogido el uno o la otra, habían también aceptado que era imposible tener éxito y ser feliz a la vez.

Sin embargo, hoy, sé que es posible triunfar profesionalmente sin tener que sacrificar la relación con la esposa o con los hijos. He podido erradicar de mi vida aquella vieja creencia que tácitamente me había condicionado a aceptar que si deseaba triunfar, debía trabajar dura y arduamente y olvidarme de mi recreación, de mis pasatiempos y hasta de mi salud. He logrado descubrir que, contrario a lo que muchos hemos llegado a aceptar, es posible mantener un balance entre lo material y lo espiritual. Finalmente, después de muchos años de búsqueda, he descubierto que la felicidad es un producto del éxito, y que el éxito es el resultado de vivir en un estado de constante felicidad.

Ignora a quienes profesan que "es imposible hacerlo todo." El lograr una vida balanceada, no sólo es posible, sino que debe ser la meta más importante de toda persona que verdaderamente desee ser feliz.

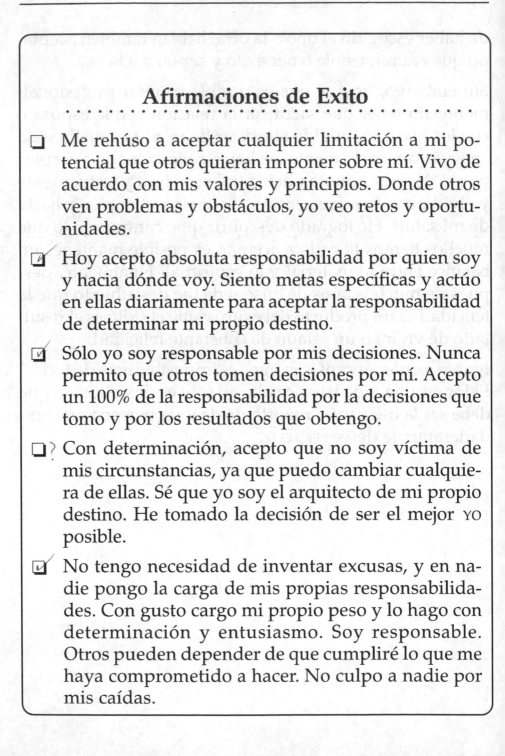

Afirmaciones de Exito

☐ Me rehúso a aceptar cualquier limitación a mi potencial que otros quieran imponer sobre mí. Vivo de acuerdo con mis valores y principios. Donde otros ven problemas y obstáculos, yo veo retos y oportunidades.

☑ Hoy acepto absoluta responsabilidad por quien soy y hacia dónde voy. Siento metas específicas y actúo en ellas diariamente para aceptar la responsabilidad de determinar mi propio destino.

☑ Sólo yo soy responsable por mis decisiones. Nunca permito que otros tomen decisiones por mí. Acepto un 100% de la responsabilidad por la decisiones que tomo y por los resultados que obtengo.

☐? Con determinación, acepto que no soy víctima de mis circunstancias, ya que puedo cambiar cualquiera de ellas. Sé que yo soy el arquitecto de mi propio destino. He tomado la decisión de ser el mejor YO posible.

☑ No tengo necesidad de inventar excusas, y en nadie pongo la carga de mis propias responsabilidades. Con gusto cargo mi propio peso y lo hago con determinación y entusiasmo. Soy responsable. Otros pueden depender de que cumpliré lo que me haya comprometido a hacer. No culpo a nadie por mis caídas.

☑ Mi fe es evidente en toda área de mi vida. Siempre está presente dentro de mí, dándome una mayor confianza en mis habilidades.

☑ Ninguna derrota es el final del camino para mí. Sé que no son los caminos los que terminan, sino las personas, las que deciden detenerse. Por eso, me aseguro de no detenerme en la realización de una vida plena y feliz.

Capítulo II

El Ser Profesional
· ·

"Sólo dos cosas son infinitas:
el universo y la estupidez humana.
Y la verdad, no estoy muy seguro
acerca de la primera."

ALBERT EINSTEIN

"La mayoría de los hombres
emplean la primera parte de su vida
en hacer miserable el resto de ella."

ANÓNIMO

Capítulo II

El Ser Profesional

ndy Grove, presidente de INTEL, resumía en las siguientes palabras la actitud que el profesional del siglo XXI deberá tener con respecto a su desarrollo profesional: "Unicamente los paranoicos sobrevivirán". "Sólo aquellas personas que han entendido que su educación y crecimiento profesional requieren de un compromiso constante lograrán sobrevivir en la era de la información y el cambio."

Las siguientes estadísticas nos pueden dar una idea del paso vertiginoso al cual se está moviendo la humanidad, en la medida en que nos aproximamos al siglo XXI, y de las consecuencias que esto ha representado en nuestra vida profesional.

- Se calcula que la persona promedio se desempeñará en cinco o seis carreras o profesiones distintas. Esto es algo que se ha estado observando más y más en la medida en que las grandes corporaciones prestan menos atención a las calificaciones y diplomas, en el momento de retener a sus ejecutivos, y más atención a la experiencia, motivación, liderazgo, visión y creatividad que éstos puedan aportar a la empresa.

- Debido a la gran movilidad causada por la globalización de los mercados, la continua reorganización de las empresas y el mayor grado de autonomía y crecimiento demandado por los empleados, se vislumbra que la persona promedio puede esperar desempeñarse en catorce trabajos diferentes a lo largo de su vida profesional. Tan así es, que en cualquiera de mis seminarios es posible encontrar que casi un 50% de los asistentes se encuentran en el primer año en su actual trabajo.

• Varios estudios han demostrado que, como consecuencia de los grandes avances tecnológicos y la velocidad con la cual hemos abordado el *information super highway*, la cantidad de información disponible, en cualquier campo, se duplica cada tres años. Esto quiere decir que, para no quedar relegado, debes duplicar tus conocimientos profesionales cada tres años. Para aumentar nuestra productividad, simplemente tenemos que aprender más. En otras palabras, todos nosotros, en este preciso instante, estamos ganando el máximo, con lo que ahora sabemos. Si deseamos aumentar nuestras entradas debemos aumentar nuestro nivel de conocimiento.

• Brian Tracy, conocido consultor empresarial, informa cómo 84% de los profesionales, independientemente de cuál sea su campo de acción, reconocen que su trabajo ya no es un reto, que no los motiva, y que francamente han perdido entusiasmo por él.

Los intereses de tu Ser Profesional van, desde llevar a cabo los objetivos y actividades de tu trabajo de la manera más efectiva, hasta materializar aquellas metas que te traigan satisfacción en tu empresa, trabajo u oficio, buscando siempre identificar aquellas oportunidades que te permitan desarrollar o adquirir nuevas habilidades profesionales.

Nuestro Ser Profesional es aquella parte de esa gran maquinaria interna llamada mente subconsciente, que en ocasiones parece dominar la mayor parte de nuestra vida, haciéndonos ignorar, y hasta olvidar otros aspectos importantes de nuestro ser. Recuerdo que hacia finales de los años 80 ésta era precisamente la situación en que yo me encontraba. Todas mis metas, ambiciones personales, y actividades diarias parecían girar en torno a la realización de metas y sueños relacionados con mi profesión.

Por aquel entonces, recuerdo que solía justificar esta situación con el hecho de que me encontraba pronto a terminar mi doctorado, uno de mis objetivos profesionales más importantes. No obstante, una vez superado éste, rápidamente otros propósitos profesionales ocuparon el vacío dejado por él. La búsqueda de un buen trabajo comenzó a ocupar gran parte de mi tiempo. Una vez hube encontrado este trabajo, rápidamente, los retos de mi nueva ocupación parecieron tomar todo mi tiempo, hasta que otras oportunidades profesionales aparecieron y comenzaron a abarcar la totalidad de mi tiempo.

Mientras tanto, mis deseos de trabajar en metas de otra índole habían quedado relegados a simples sueños con los cuales fantaseaba de vez en cuando. Comúnmente, me consolaba con la excusa de que cuando los requerimientos de mi profesión se calmaran un poco, tomaría empeño en mis otras metas y prioridades. No obstante, con el tiempo me dí cuenta que las cosas nunca iban a calmarse. Que en la medida en que lograba materializar ciertas metas profesionales, otras aparecían, y que la única manera en que lograría trabajar en aquellos otros ámbitos de mi vida que tenía olvidados, era tomando la firme decisión de realizarlos, orquestando mi estilo de vida para hacerlo, y tomando acción inmediata.

Recuerdo que a finales de 1990 encontré un artículo en el cual se discutían los resultados de una encuesta realizada con varios centenares de científicos de todo el mundo. Uno de los interrogantes presentados era que si ellos pudiesen vivir nuevamente su vida, qué aspecto de ella les gustaría cambiar. Asombrosamente, más de un 80% coincidieron en que de tener una nueva oportunidad de vivir sus vidas, ellos dedicarían más tiempo a sus hijos.

En ese momento tomé la decisión de que no permitiría que esto me ocurriera. Decidí que todos aquellos sueños que deseaba realizar, y que todas las cosas cuyo logro sabía yo traerían felicidad a mi vida, no podían ser pospuestas un día más. Resolví que el compartir con mi esposa, o el conocer nuevos países y culturas, o escribir libros e impactar positivamente la vida de otras personas, no seguiría siendo algo que sucedería en algún momento en lo futuro, sino algo que tenía que acontecer en el presente. Decidí que el logro de estas metas sería parte de mis vivencias durante cada uno de los días de mi vida. Tomé la decisión que desde ese preciso instante, mi éxito familiar, intelectual, espiritual y personal dejarían de ser un punto en la distancia y se convertirían en mi diario vivir.

Una vez tomada esta decisión, comencé a trabajar en las otras facetas de mi vida; retorné al gimnasio, comencé a escribir mi primer libro, decidí dejarle saber a mi esposa cuánto la amaba, esta vez con acciones y no con palabras solamente, y descubrí, para mi asombro, que era posible alcanzar mis metas profesionales sin tener con ello que sacrificar los demás aspectos de mi vida.

Es importante escuchar a tu Ser Profesional, como verás a continuación. Pero es igualmente importante dejarle saber a ese Ser Profesional que no es el único aspecto importante de tu vida. Si bien es cierto que esta última década estuvo marcada por una inmensa sobrepreocupación por las metas profesionales, debida en parte a que los grandes avances tecnológicos y el incremento en la competitividad empresarial a nivel mundial, que llevaron a muchas empresas a reducir drásticamente su personal, y pusieron a las personas en una actitud defensiva, que también es cierto que de las cenizas de este cambio global ha salido un profesional mucho más consciente de sus demás papeles en el juego de la vida.

La lección que aprender debe ser la de no permitir que tu plan personal de éxito se encuentre saturado de metas profesionales a costa de las demás facetas de tu vida.

No quiero decir con esto que debamos olvidarnos de ellas, sino que debemos aprender a mantener un balance entre nuestra vida profesional, nuestras metas familiares y nuestras ambiciones personales. Es más, una de las quejas más comunes que suelo escuchar de labios del Ser Profesional es la falta de continuidad que muchas personas dan a algunos aspectos importantes de su desarrollo profesional. Un gran número de personas, por ejemplo, cometen el error de pensar que ya han llegado a la cima, que ya han aprendido todo lo que necesitan saber. Una de las características más comunes de las personas de éxito es que siempre están alertas y dispuestas a aprender cosas nuevas.

Entonces, una de tus primeras metas profesionales debe ser la de establecer metas para desarrollar tu propio programa de educación y actualización profesional, de manera que puedas estar siempre al día en tu profesión, y siempre te encuentres a la vanguardia de cuanto acontezca en tu campo. Es fundamental mantenerte bien informado si deseas aventajar a la competencia. Se dice por ahí, y con mucha razón, que el poder está del lado de quienes poseen la información.

Muchas personas alcanzan una de sus metas profesionales (terminar su educación superior, por ejemplo) y tienden a olvidarse totalmente de esta faceta de su vida. No creen necesitar ningún otro tipo de educación profesional, no se preocupan por mantenerse al tanto de los últimos adelantos en sus profesiones y, como consecuencia, en pocos años sus conocimientos son obsoletos y por ende no tienen la capacidad para competir con las nuevas generaciones de profesionales.

Estamos viviendo en una época en la que poseer el conocimiento y la información correcta en el momento oportuno, y tomar acción inmediata, determinan, en gran medida, el éxito personal y profesional. Lo cierto es que todos y cada uno de nosotros tenemos más control del que creemos poseer, sobre todos los aspectos que afectan nuestra vida profesional. Todos podemos tomar acciones específicas para no convertirnos en profesionales obsoletos. En lugar de quejarnos constantemente por lo que percibimos como una campaña oculta en contra de nosotros, que no nos ha permitido escalar posiciones en nuestra empresa, determinemos cuáles son las verdaderas razones y tomemos acción para corregirlas. Todos podemos determinar cuánto dinero ganar cada año, o podemos cambiar nuestro campo de acción profesional en lugar de quejarnos todos los días, camino al trabajo, de cuánto odiamos lo que hacemos.

A. Cómo crear tu programa de crecimiento y desarrollo personal

Investigaciones conducidas por prestigiosas instituciones como la Universidad de Harvard, la fundación Carnegie y el Stanford Research Institute han demostrado que sólo 15% de las razones por las cuales una persona sale adelante en su campo, se relacionan con sus habilidades y conocimientos técnicos. El 85% restante de las razones por las cuales las personas logran salir adelante, y triunfan personal y profesionalmente se relacionan con su actitud, su nivel de motivación y su capacidad para desarrollar relaciones positivas con las demás personas.

Ahora bien, puesto que por alguna razón inexplicable, casi la totalidad de instituciones educativas han decidido dejar fuera de sus programas educativos estos elementos, responsables del 85% de tu éxito, la responsabilidad de adquirir dichas actitudes recae totalmente en ti. Está en tus manos el desarrollar un sistema que te permita trabajar en mejorar tu actitud, desarrollar un alto nivel de motivación y adquirir la capacidad de relacionarte positivamente con las demás personas. Así pues, si quieres triunfar, debes estar dispuesto a pagar el precio en términos de lo que debes leer, escuchar, aprender y asimilar.

Lo más probable es que todos y cada uno de nosotros, en este preciso momento, hayamos llegado lo más lejos posible con el conocimiento con que ahora contamos. Si deseamos ir aún más allá de donde ahora nos encontramos, sólo podremos hacerlo, obteniendo y asimilando nueva información. Debemos desarrollar un plan que nos permita convertirnos en estudiantes del éxito; un plan que nos ayude a mantener un constante mejoramiento tanto profesional como personal. ¿Cómo podemos lograr esto? He aquí cuatro sugerencias que te ayudarán a convertirte en un gran estudiante del éxito.

Invierte en tu propio desarrollo personal

Brian Tracy, conocido consultor internacional, sugiere invertir por lo menos el 3% de tus entradas en tu desarrollo personal y profesional. Invierte en buenos libros, revistas, audiocassettes y seminarios. La persona que no está dispuesta a invertir en sí misma, está negociando el precio del éxito, y recuerda, el precio del éxito no es negociable. Necesitas invertir en tu educación personal, y en tu formación profesional. Si bien es cierto que ha habido miles de personas que han triunfado, e inclusive llegaron a amasar grandes fortunas, pese a haber contado con una educación formal limitada, también lo es que ellos sí conocían a fondo el campo en el cual alcanzaron el éxito. A pesar de sólo haber cursado hasta el tercer año de educación primaria, Tomás Alva Edison llegó a convertirse en uno de los más brillantes inventores de todos los tiempos como resultado de su continuo compromiso para con su propio desarrollo personal.

Lee por lo menos treinta minutos diarios en tu campo de interés profesional

¿Sabías que el solo hecho de leer una hora por día te puede formar como experto en tu campo al cabo de tres años? El leer una hora diaria, te convertirá en experto nacional en cinco años e internacional en siete años. Una hora de lectura diaria, representa un libro entero en dos semanas, veinticinco libros al año, o doscientos cincuenta libros en diez años.

En un mundo donde el profesional promedio lee menos de un libro por año, si tú analizas veinticinco libros que te ayuden a mejorar en tu profesión, o a administrar mejor tu tiempo, no sólo lograrás distanciarte de tus competidores, sino que tu situación financiera y tu productividad personal se verán afectadas positivamente. Recuerda que todo aquello que ha encontrado cabida en tu mente es lo que ha moldeado la persona que hoy eres.

Hace algunos meses en una de mis conferencias, un gerente de ventas se acercó y me dijo: "Bueno Camilo, el problema conmigo es que yo no soy muy buen lector; nunca adquirí el hábito de la lectura, y la verdad, no sé si pueda adquirirlo después de tantos años de inactividad". Yo simplemente le hice la siguiente pregunta, que quiero que ustedes se formulen si creen encontrarse en el mismo dilema: ¿Si te dijera que el leer treinta minutos diarios de un buen libro podría duplicar tu productividad personal, crees que estarías dispuesto a adquirir este hábito?

Déjame decirte que en un mundo en el cual el acceso a la información es cada vez más fácil, el ser reconocido como erudito en tu campo de acción puede ser el principio de la realización de muchas de tus metas profesionales. Anthony Robbins, uno de los escritores y oradores en el campo del desarrollo personal más reconocidos en el mundo entero, asegura que su éxito ha sido el resultado directo de la lectura. Tony cuenta cómo en sus comienzos leyó poco más de setecientos cincuenta libros en el transcurso de diez años. Leyó cuanto libro de programación neurolingüística encontró. Hoy es reconocido como experto en dicho campo.

Benjamín Franklin es otro ejemplo de una persona cuyo éxito ha sido el resultado, por lo menos en parte, de su amor por la lectura. Franklin es reconocido por ser uno de los promotores de la independencia de Estados Unidos, por sus trabajos científicos, sus inventos y su insaciable labor periodística y editorial. Sin embargo, la parte más interesante de su legado es la referente a la ética y la superación personal.

Su pasión por los libros lo condujo a trabajar en la imprenta de su hermano a la edad de los doce años. La mitad del dinero que ganaba lo utilizaba en comprar libros para continuar cultivando este hábito. Fue autodidacta en el aprendizaje de la gramática, y su dominio de la literatura continuó creciendo día por día. Su amorío con la lectura y el lenguaje nunca terminó. En su autobiografía cuenta cómo a los sesenta y tres años comenzó a estudiar idiomas y llegó a dominar el francés, el italiano, el latín y el español, el cual aprendió con la suficiente fluidez como para poder leer libros enteros con una gran facilidad.

Tú también puedes aprender un nuevo idioma, dominar una nueva ciencia, o materializar tus metas más ambiciosas si comienzas a desarrollar uno de los hábitos más importantes de la persona de éxito: la lectura. Una y otra vez, los protagonistas de las muchas historias de éxito, han mostrado ser historias de lectores.

¡Lee! Lee buenos libros; libros escritos por expertos en su actividad; personas que hayan triunfado en el campo sobre el cual han escrito, y no simplemente teóricos. No leas estos libros de la misma manera como lo haces con una novela. Con un lápiz rojo toma notas en las márgenes; personalízalo. Recuerda que el verdadero valor de una publicación está en lo que tú hagas con la información allí contenida. Muchas personas leen con temor de arrugar las páginas. El libro bien leído es aquél que ha sido devorado; que se encuentra en ruinas. Ahora bien, si así lo deseas, compra dos copias, una para mantenerla en tu biblioteca impecablemente, y la otra para leerla. Elimina la lectura innecesaria, cancela las suscripciones a publicaciones que en realidad no te estén ayudando a acercarte al logro de tus metas.

Escucha programas en audiocasete

El escuchar programas de desarrollo personal y profesional en tu automóvil ha sido considerado uno de los más importantes avances en el campo de la educación desde el descubrimiento de la imprenta. Los audiolibros, como son conocidos en algunas partes, han cobrado tal popularidad que hoy por hoy muchos libros llegan al mercado con la versión en papel y la versión en audio a un tiempo. En el campo del desarrollo profesional, estas herramientas han tenido tal aceptación que empresas como IBM, AT&T, Hewlett Packard y muchas otras las promueven activamente entre sus ejecutivos y líderes empresariales.

Escúchalos mientras realizas otras actividades: mientras te preparas para salir en la mañana, cuando te encuentres haciendo ejercicio o conduciendo tu automóvil. La persona que conduce a su trabajo, emplea un promedio de quinientas a mil horas por año detrás del volante. ¿Sabes que esto equivale aproximadamente a tres o seis meses de trabajo, contando semanas de cuarenta horas de labor? Uno o dos semestres de estudio universitario, que tú puedes realizar mientras viajas en tu automóvil. Muchos de los grandes triunfadores que he tenido la oportunidad de conocer, utilizan la cinta magnetofónica como una de las herramientas más valiosas en su camino hacia el éxito.

Brian Tracy lo explicaba de la siguiente manera: Imagínate poder tener a tu disposición un programa que ha sido el resultado de cinco o diez años de investigación y trabajo por parte de su autor. Ahora imagínate poder añadir toda esta información y experiencia a tu acervo en tan sólo unos días. Eso es lo que logras al escuchar programas en audiocasete. Tomas tiempo que de otra manera suele ser poco productivo, y lo utilizas en una actividad que puede triplicar tu conocimiento en cierta área, lo cual te permite adquirir sabiduría de la experiencia de otras personas.

Yo creo verdaderamente que las grabaciones que he tenido la oportunidad de escuchar han sido las responsables, en gran medida, del éxito que he logrado alcanzar. Por esta razón, muy arriba en la lista de metas en mi corporación, estuvo siempre el desarrollar programas en audiocassette con el fin de contribuir al desarrollo personal y profesional de aquéllos que deseen salir en busca del éxito. Invertir en audiocasetes es invertir en ti mismo. Si verdaderamente deseas expandir tu experiencia profesional y deseas aprender aquello que pueda conducirte a la cima profesional, los audiolibros deben formar parte obligada de tu educación.

Asiste a seminarios y conferencias que contribuyan a tu desarrollo personal y profesional

Cuando Andy Grove hablaba de que sólo los paranoicos sobrevivirán, se refería a que sólo aquellas personas que no creen saberlo todo y que se encuentran en un estado de búsqueda de información y conocimiento constante, estarán equipadas con la actitud que les permitirá triunfar en el nuevo milenio.

Es un hecho indiscutible que tan pronto como te gradúas en la universidad debes comenzar a buscar tu primer curso de actualización. Si examinas un periódico, cualquier día de la semana, encontrarás decenas de seminarios de actualización profesional y desarrollo personal. Estos estudios cumplen varias funciones; entre otras, te ponen al tanto de los últimos avances en tu campo de acción y te permiten descubrir temas que infortunadamente no son tratados en la inmensa mayoría de las instituciones educativas. Temas tan importantes como la administración del tiempo, el trabajo en equipo, la motivación y el éxito empresarial y otros de gran interés para las personas que verdaderamente deseen triunfar en el nuevo milenio.

Otra razón es que gracias a ellos puedes asociarte con personas que, como tú, también están interesadas en su desarrollo personal y en alcanzar el éxito en sus respectivos campos de acción. Finalmente, esta clase de conferencias logra restaurar y mantener en ti un alto nivel de motivación y una actitud positiva.

Estas actividades, leer libros y revistas sobre tu campo de acción, escuchar grabaciones que contribuyan a tu crecimiento personal, y asistir a seminarios de actualización profesional deben formar parte de tus metas profesionales e intelectuales en esta era de cambio.

B. ¿Cuánto dinero deseas ganar este año?

En un seminario sobre mercadeo y ventas que tuve la oportunidad de ofrecer en la República Dominicana hace algunos años, hice esta pregunta a la audiencia. Algunos de los asistentes no sabían a ciencia cierta a qué me estaba refiriendo. Otros creyeron que lo hacía a manera de broma. El más atrevido de todos, burlonamente, dio una cifra astronómica que encontró la aprobación de los demás, quienes respondieron con una risa un tanto nerviosa.

Curiosamente, muchas personas tienen la firme creencia de que la cantidad de dinero que puedan llegar a ganar durante determinado año, es uno de esos factores sobre los cuales ellos tienen poco o ningún control. Sin embargo, yo creo que todos, ya sea que estemos directamente comprometidos en el campo de las ventas o no, estamos en posibilidad de determinar nuestras entradas.

Recordemos que no sólo se trata de ganar lo suficiente para subsistir, sino de ganar lo necesario para lograr nuestras metas y los sueños que seguramente ya hemos identificado y escrito en un papel. Con esto en mente, al determinar las entradas que deseamos obtener, fijemos una cifra que exija un mayor esfuerzo de nuestra parte; una cifra que demande el uso de nuestro verdadero potencial. ¿Cómo identificar esta cifra?

Quiero que tomes las entradas de tu año más productivo e incrementes esa cifra en 50%. En otras palabras, si en tu mejor año tus entradas fueron de 20.000 dólares, entonces sienta tu meta para los próximos doce meses en 30.000 dólares.

El siguiente paso es determinar exactamente qué cantidad o volumen de ventas, de tu respectivo producto o servicio, tendrás que realizar para ganar dicha cantidad. Por ejemplo, si tus entradas equivalen a una comisión de un 10% sobre el volumen total de las ventas que realizas, esto quiere decir que tendrás que vender un total de 300.000 dólares para poder ganar 30.000. Entonces, este volumen total de ventas se convierte en una de tus metas profesionales para los próximos doce meses.

Toma esta meta y divídela en pasos aún más pequeños. Determina cuánto deberás ganar mensualmente. Recuerda que la mejor forma de alcanzar un objetivo, por más grande que éste pueda parecer, es dividiéndolo en otros más pequeños, en actividades que puedas llevar a cabo todos los días.

Es como si delante de ti tienes el plato más exquisito del mundo. Ahora trata de imaginarte lo que sería el ingerir esa comida de un solo bocado. ¿Qué clase de reacción crees que obtendrías de tu cuerpo? Una de rechazo ¿no es cierto? De esa manera, hasta tu comida favorita puede provocarte una indigestión. ¿Cuál sería entonces la mejor forma de comer este gran plato? Pues, sencillamente, dividiéndolo en bocados más pequeños y fáciles de digerir. Alguna vez escuché a un locutor de radio hacer la siguiente pregunta: ¿Cómo se come un elefante? La respuesta fue: "De bocado en bocado". De igual manera la mejor forma de alcanzar una meta, por más grande que ésta pueda parecer, es dividiéndola en objetivos y actividades que puedas llevar a cabo todos los días.

Tomando las entradas anuales que deseas percibir y el volumen de ventas que deberás generar para poder devengar dichas entradas, y dividiéndolo entre el número de meses y semanas que trabajas durante el año, podrás determinar cuáles deben ser tus metas financieras mensuales y semanales. Después necesitas determinar objetivos específicos a plazos aún más cortos, y esto equivale a determinar tus entradas y volumen de ventas.

	Volumen de ventas (US$)	Salario comisión 10% (US$)
Anuales	300.000	30.000
Mensuales (12 meses por año)	25.000	2.500
Semanales (50 semanas por año)	6.000	600
Diarias (5 días por semana)	1.200	120
Hora (8 horas por día)	150	15

Ahora bien, ¿qué puedes hacer con esta información? Como ves, si deseas ganar 30.000 dólares este año tendrás que devengar entradas a un ritmo de 15 dólares por hora. El solo hecho de saber cuánto vale una hora de tu trabajo, basado en las metas financieras que deseas alcanzar, te permite valorar mejor tu tiempo, y te ayuda a tomar decisiones mucho más acertadas en cuanto a cómo invertirlo.

Desde este preciso momento, mientras estés en tu trabajo, rehúsa hacer cualquier cosa que no te pague 15 dólares por hora. En otras palabras, identifica, en tu trabajo o en tu negocio, aquellas actividades que en verdad afectan tu productividad y que son las que de ser ejecutadas debidamente podrán aumentar tus entradas.

Esta brillante idea fue presentada en 1895 por el economista italiano Wilfredo Pareto, quien la denominó la Regla del 80% *versus* el 20%. El separó las diferentes actividades de la persona promedio entre lo que llamó las pocas cosas vitales contra las muchas cosas triviales. Así determinó que sólo 20% de las actividades que una persona realiza, producen el 80% de los resultados, y que, de igual manera,

80% de las actividades en un día promedio de una persona cualquiera, no producían más que el 20% de los resultados.

En el caso específico de las ventas se ha encontrado, por ejemplo, que sólo 20% de las actividades que un vendedor realiza durante un día promedio, son responsables por el 80% del éxito que él o ella experimenta, mientras que el otro 80% de sus actividades no producen más que el 20% de su éxito profesional. En las ventas, ciertas actividades que forman parte del 20% pueden ser las siguientes: identificar posibles compradores, presentar tu producto o servicio, y hacer el seguimiento correspondiente con tus clientes.

Las cuatro sugerencias que presenté en párrafos anteriores sobre cómo convertirnos en estudiantes del éxito son actividades que, sin duda, forman parte de ese 20% que será responsable de tu éxito profesional.

Cuando estés en tu trabajo, pregúntate si la actividad que estás realizando o a punto de realizar forma parte del 20% que producirá el 80% de tu éxito. Toma el tiempo necesario para pensar antes de actuar y concéntrate en ese 20% de actividades que es responsable por la gran mayoría del valor de tus acciones.

Pero ¿cuáles son las acciones que pertenecen a este 20%? Son aquéllas que contribuyen a tu desarrollo personal o acciones que, de una u otra manera, te acercan a la realización de tus sueños o metas. Muchos profesionales, en particular aquéllos que tienen horarios flexibles y requieren salir constantemente de la oficina, tienden a mezclar sus deberes profesionales con actividades que no tienen nada que ver con su trabajo y que, obviamente, no pagan 15 dólares la hora. Me refiero a actividades como hacer las compras de la casa, lavar el carro, hacer llamadas telefónicas personales o cualquier otra forma de perder el tiempo. Ellos no entienden que no se puede actuar de esta manera y aún así pretender ganar 30.000 dólares anuales, ya que esto sería una violación de la ley de la causa y el efecto.

Lo cierto es que sólo cosecharás lo que hayas sembrado. Así que si te concentras en llevar a cabo durante tu día de trabajo únicamente aquellas actividades que paguen 15 dólares la hora, 8 horas diarias, 250 días al año, muy seguramente podrás devengar 30.000 dólares al final de los próximos 12 meses. De igual manera, si decides comprometerte de lleno durante el próximo año en actividades que paguen 50 dólares la hora, en el próximo año podrás ganar 100.000 dólares. Depende de ti; en tus manos está hacer que esto se convierta en realidad.

Una vez hayas tomado todos los pasos mencionados anteriormente; una vez hayas determinado los volúmenes de ventas mensuales, semanales y diarios que debes mover para alcanzar tu meta; cuando finalmente hayas logrado determinar el verdadero valor de una hora de tu tiempo en tu trabajo, entonces deberás definir tus metas en términos de las actividades necesarias para lograr que aquéllas se conviertan en realidad.

Una buena manera de empezar es evaluando tu trabajo actual. En los siguientes renglones, determina cuáles de todas las actividades que llevas a cabo en tu trabajo pertenecen a este 20% que paga US$15/hora (o la cifra que hayas encontrado), y que por tanto serán responsables del 80% de tu éxito profesional.

1. _____

2. _____

3. _____

4. _____

5. _____

6. _____

7. _____

8. _____

9. _____

10. _____

Afirmar que tú puedes determinar el monto de las entradas que deseas obtener, no son sólo palabras. En su libro *Piense y Hágase Rico*, Napoleón Hill afirma cómo el poseer una cifra específica de las entradas que deseas devengar te llevará muy cerca de hacer de esta cifra una realidad. Creo que ésta, al igual que cualquier otra determinación sobre el rumbo de tu vida, depende de una decisión que tú debes tomar. Ahora bien, como seguramente te habrás podido dar cuenta en tu trabajo o negocio, no es fácil controlar tu salario o tu volumen de ventas día tras día, ya que éstos dependen de muchos otros factores que no están bajo tu control. Sin embargo, tú puedes controlar tus decisiones, al igual que las actividades que realizas durante tu día de trabajo, y son éstas las que, a la postre, determinarán tu situación financiera.

Recuerda que, como profesional, lo único con lo que verdaderamente cuentas para ofrecer es tu tiempo, así que utilízalo sabiamente.

C. ¿Estás avanzando o retrocediendo en tu actual trabajo?

Como mencioné al comenzar este capítulo, ciertas investigaciones han mostrado que casi 84% de profesionales creen que su trabajo ya no es un reto, que no los motiva y que, francamente están aburridos con él. La estadística es alarmante, especialmente si consideramos que ésta es una de las actividades en las cuales las personas invierten la mayor parte de su vida.

Ahora bien, lo cierto es que desde los comienzos de la era industrial hasta la segunda mitad de la década de los 70, el encontrar satisfacción en el trabajo, el esperar continuos retos y oportunidades en la empresa, o el esperar o demandar oportunidades de crecimiento y desarrollo personal y profesional no eran aspectos de gran prioridad para personas, para las cuales la certeza de un empleo seguro, un buen plan de retiro y un salario aceptable parecían ser los aspectos más prioritarios.

Sin embargo, a finales de los años 70 y durante los 80, comenzamos a medir la satisfacción en el trabajo por el crecimiento profesional y oportunidades de expandir nuestro conocimiento y habilidades. Y en los años 90 miramos nuestro trabajo, ya no como nuestra razón de ser, sino como una faceta más de nuestra vida. Deseamos maximizar nuestra productividad personal y profesional y globalizar nuestra experiencia. Por tal razón, hoy más que nunca es importante entender que nuestro éxito profesional no es el resultado de la suerte o la coincidencia, sino que es simplemente la consecuencia lógica de un plan preconcebido. Lo cierto es que, inclusive en esta época de incertidumbre y cambio constante, tú tienes más poder sobre tu destino profesional que el que crees poseer.

Una de las mayores fuentes de estrés en el trabajo es la incertidumbre que muchos profesionales tienen acerca de si sus esfuerzos están siendo notados en la empresa o si están pasando inadvertidos. Todo profesional llega a una empresa con la esperanza de poder escalar los diferentes peldaños jerárquicos que le permitan crecer y desarrollarse profesionalmente y poder así enfrentar cada vez mejores y mayores oportunidades en su campo de acción.

El próximo cuestionario te ayudará a determinar si estás en camino a ser ascendido o si pasas inadvertido en tu empresa. Al responder a las siguientes preguntas podrás descubrir cuál es la situación de la empresa dentro del mercado y cuál es tu situación personal dentro de la empresa, y determinar si las condiciones son propicias para tu ascenso. Por cada respuesta positiva a las preguntas de cada numeral adiciona el puntaje asignado.

Primera parte: ¿Dónde te encuentras profesionalmente?

1. ¿Está tu empresa triunfando en el mercado? ¿Está produciendo buenos resultados financieros?, ¿capturando un mayor sector del mercado?, ¿empleando nuevas personas, o ascendiendo a otros ejecutivos?

? ☐ SI ☐ NO (10 puntos).

2. ¿Participas en proyectos importantes? ¿Estás siendo asignado a proyectos que sacan a relucir tus cualidades? ¿Te motiva tu empresa a aprender nuevas cosas para aumentar tus capacidades profesionales?

☑ SI ☐ NO (10 puntos).

3. ¿Eres popular? ¿Eres estimado por tus superiores? ¿Te llevas bien con tus compañeros de trabajo?

☑ SI ☐ NO (10 puntos).

4. ¿Es tu opinión frecuentemente solicitada en tu empresa? ¿Se te pide participar en reuniones importantes en tu trabajo? ¿Se pregunta tu opinión acerca de asuntos en los cuales no necesariamente estás directamente comprometido?

? ☐ SI ☐ NO (5 puntos).

5. ¿Posees los conocimientos y habilidades necesarios para avanzar? ¿Estarías preparado para aceptar ya mismo el ascenso a la siguiente posición en tu empresa, sin necesidad de tener que adquirir ningún entrenamiento extra?

☑ SI ☐ NO (5 puntos).

6. ¿Cuál es la percepción general sobre tu trabajo? ¿Escuchas de otros comentarios favorables acerca de ti y tu desempeño en la empresa? ¿Has escuchado rumores acerca de si la opinión que tus superiores tienen acerca de tu trabajo es positiva?

? ☐ SI ☐ NO (5 puntos).

7. ¿Has preparado tu sucesor? ¿Si fueres promovido hoy mismo, existiría una persona que pudiera tomar tu cargo?

☑ SI ☐ NO (5 puntos).

- Si has sumado más de 40 puntos las posibilidades de un próximo ascenso son excelentes.

- De 25 a 39. No estás fuera de la contienda, pero no eres primera opción. Necesitas trabajar mucho más en algunos de estos puntos.

- Menos de 25. Pasa a la siguiente parte de nuestro cuestionario.

Segunda parte: ¿Es tiempo de buscar otras sendas?

1. ¿Has dejado de aprender? ¿Encuentras que no logras dar con oportunidades que te permitan ampliar tus experiencias o adquirir nuevas habilidades?

   ☑ SI ☐ NO (10 puntos).

2. ¿Has perdido *status* en tu trabajo? ¿Encuentras que tu opinión tiene cada vez menos trascendencia? ¿Hallas menor libertad de actuar que en el pasado?

   ☑ SI ☐ NO (10 puntos).

3. ¿Está tu empresa decayendo? ¿Ha decrecido su participación en el mercado? ¿Ha caído el valor de sus acciones? ¿Ha decaído la opinión que los empleados tienen de ella? ¿Es percibida pobremente por el sector financiero del país?

   ? ☐ SI ☐ NO (10 puntos).

4. ¿Se vislumbran oportunidades en el horizonte? ¿Ha sufrido tu compañía grandes transformaciones? ¿Ha habido algún tipo de reorganización interna? ¿Han venido nuevos ejecutivos de fuera?

   ☐ SI ☑ NO (5 puntos).

5. ¿Has ido siendo poco a poco marginado del círculo? Los rumores ya no llegan hasta tu oficina. Es más, ¿has dejado de escuchar? ¿Sientes como que eres el último en enterarte de lo que está sucediendo en la empresa?

☐ SI ☑ NO (5 puntos).

6. ¿Te cuesta ir a tu sitio de trabajo? ¿Has comenzado a notar una extraña ansiedad y estrés recurrente los domingos de noche? ¿Han cambiado tus hábitos alimentarios? ¿Has experimentado desórdenes con el sueño? ¿Comentan tus familiares o amigos que de un tiempo para acá pareces cansado y deprimido?

☐ SI ☑ NO (5 puntos).

7. ¿Se ha congelado tu salario? ¿Los aumentos han cesado o están disminuyendo peligrosamente?

☐ SI ☑ NO (5 puntos).

- **Si tu puntaje es 40 ó más, cierra este libro inmediatamente, busca nuevamente tu hoja de vida o *currículum vitae* y comienza a buscar nuevas oportunidades de trabajo en otro lugar.**

- **De 25 a 39. Comienza a sondear otros terrenos con colegas y amigos.**

- **Menos de 25. Tu situación puede mejorar. Necesitas trabajar en globalizar tu experiencia y debes, de todas maneras, mantenerte abierto a otras oportunidades.**

Plan de Acción

1. ¿Cuál es la siguiente meta que deseo alcanzar como parte de mi formación profesional? (sé específico).

_____

_____

_____

2. Enumera cinco actividades que hoy no realizas (o por lo menos, no lo suficiente), que puedes incorporar entre tus nuevos hábitos de éxito, para garantizar tu continuo crecimiento profesional. Sé lo suficientemente específico:

   a) _____

   b) _____

   c) _____

   d) _____

   e) _____

3. ¿Dedico suficiente tiempo a la planeación de mis actividades de trabajo, y doy prioridad a aquello de mayor importancia? Si la respuesta es NO, describe a continuación la manera en que piensas corregir esto.

_____

_____

4. ¿Cuánto dinero deseas devengar este año? Una vez decidas la cantidad, determina cuál es el valor de una hora de tu tiempo, y establece tres acciones que hoy realizas

comúnmente en tu trabajo, que ciertamente no pagan dicha cantidad, y que sí te están robando tiempo de aquello que es verdaderamente importante en tu trabajo.

a) _____

b) _____

c) _____

5. ¿Qué puedo hacer para convertirme en un verdadero estudiante del éxito? ¿Mantengo una actitud positiva hacia mi trabajo y hacia las personas con las cuales tengo la oportunidad de interactuar?

_____

_____

6. ¿He aprendido a administrar mi tiempo de la manera más efectiva posible, y puedo asegurar que dedico suficiente tiempo a mi desarrollo profesional? Si la respuesta es NO, qué actividades debo eliminar de mi diario vivir que me están robando mi tiempo.

a) _____

b) _____

c) _____

7. ¿Estoy al tanto de los últimos avances y descubrimientos en mi profesión?

_____

_____

En los siguientes renglones escribe tus metas más importantes en el área profesional. Para lograr tu mejor plan de acción da los siguientes pasos en éste, y en cada uno de los capítulos siguientes. Marca esta página para que puedas fácilmente regresar a ella al final de cada uno de los capítulos.

1. Escribe todas las metas profesionales que se te ocurran en una libreta que puedes titular "Plan de éxito personal de... y escribe tu nombre". Si alguna vez tienes la oportunidad de asistir a alguno de mis seminarios, ten la seguridad de que te preguntaré por ella (guarda esta libreta para futuras referencias). Piensa en metas a corto y largo plazo. Sueña en grande. Escribe todo aquello que inclusive hoy pueda parecer imposible, escribe sin importarte qué tan lógicas o realistas puedan parecer estas metas en tus circunstancias actuales. Simplemente, escríbelas. Escribe hasta que sientas que has desocupado tu mente de cuanta meta profesional existió, existe o puede existir en ella. No pares antes de haber escrito por lo menos diez metas, sueños o aspiraciones profesionales.

2. Cuando hayas hecho esto, vuelve a leer tu lista y establece, un orden de prioridad, asignando la letras A, B, C, de acuerdo con la importancia que cada una de estas metas tenga para ti. Por ejemplo, una meta A es una de esas metas que, de lograrla, tú tienes la plena certeza que cambiaría tu vida totalmente. Una meta A es algo que en realidad te gustaría alcanzar. Una meta B es algo que tú deseas, que te gustaría obtener porque es importante para ti, pero que no es tan importante como una meta A. Una meta C es algo que sería bueno poder lograr o poseer, pero que no es tan importante como la A o la B.

3. Una vez hecho esto, toma todas las metas A que has podido identificar en cada una de las categorías anteriormente indicadas y escríbelas en una hoja. Ahora tienes todas las metas A juntas. Con toda seguridad, a esta altura ya te habrás dado cuenta que una gran mayoría de tus Aes son metas a largo plazo. Más que metas, ellas son principios o ideales a los cuales estás dispuesto a dedicar el resto de tu vida.

4. El siguiente paso es dar una prioridad aún mayor a estas metas. Toma todas las metas A que has podido identificar y organízalas asignándoles un valor numérico, por ejemplo A1, A2, A3 y así sucesivamente. Entre todas tus metas A, tu meta A1 es sin lugar a dudas la más importante. Es aquélla que de alcanzarla traería a tu vida el cambio más positivo, y te produciría mayor satisfacción que el logro de cualquier otra meta. Si tienes cierta dificultad en identificarla, hazte la siguiente pregunta: ¿Si supiera que voy a poder realizar solamente una de las metas A, sólo una y nada más, pero con la garantía de que voy a lograrla ¿cuál de las metas "A" escogería? Esa es tu meta A1.

Ahora pregúntate: ¿Si supiera que voy a poder lograr una más de mis metas A, cuál de las restantes sería? y haz esa tu meta A2, y así sucesivamente. Ahora ya tienes una lista con todas tus metas, sueños, aspiraciones, ideales y todo lo demás que deseas alcanzar. Además, tienes una lista aparte de todas las que consideras son tus metas más importantes y le has dado la prioridad correspondiente a cada una de ellas. Ten presente el mantener esta lista contigo y leerla periódicamente para asegurarte que tus acciones van dirigidas hacia la realización de dichas metas.

5. Ahora toma todas tus metas A y escríbelas nuevamente, en orden de importancia en los diez espacios asignados al final de cada capítulo (si son menos de diez, puedes escribir algunas de tus metas B).

6. Asigna una fecha específica en la cual esperas haber alcanzado las metas A1, A2 y A3. Por el momento sólo asignaremos fecha a las tres metas más importantes en cada área. En la medida en que sientas que puedes empezar a trabajar en otras metas, asigna una fecha específica y continúa con los siguientes pasos.

7. Como no hay espacio en el libro, los siguientes pasos anótalos en tu libreta; ella y este libro deben andar juntos para todas partes de ahora en adelante. El séptimo paso requiere que tomes tu meta A1 y la escribas de nuevo en la parte superior de una nueva hoja de papel. Como dije anteriormente, posiblemente ésta es una meta de gran envergadura, a largo plazo (5-10 años), o por lo menos a mediano plazo (1-4 años). El siguiente paso en la elaboración de tu plan de acción es tomar esta meta, y convertirla en actividades específicas en las cuales puedas empezar a trabajar inmediatamente.

En esta hoja de papel en la cual has escrito tu meta A1 puedes escribir el siguiente encabezamiento: "He aquí una lista de todas las actividades y objetivos intermedios que me permitirán alcanzar esta meta en el período de tiempo que he separado con dicho propósito". Posteriormente, disponte a realizar una lista de todas aquellas metas intermedias, actividades, objetivos a corto y mediano plazos que en tu opinión pueden ayudarte a alcanzar esta meta. Escribe, por lo menos, diez acciones o actividades específicas que puedas desarrollar ahora o en lo futuro, que te ayuden a alcanzar tu meta A1.

Organiza esta lista en orden de importancia y numera cada una de las actividades. Para lograr hacer esto con toda objetividad, piensa, si de todas estas actividades o acciones sólo pudieras realizar una, cuál de ellas crees que te llevaría más cerca a la realización de tu meta A1, y haz ésta tu actividad número uno. Después, pregúntate si sólo pudieras llevar a cabo dos acciones, cuáles serían las que te llevarían más cerca a tu meta, y así sucesivamente.

La importancia de instaurar este sistema es que cuando divides, inclusive tu meta más grande y ambiciosa, en sus partes más pequeñas, en sus componentes básicos, y traduces esta meta en una serie de actividades, paso a paso, de repente parece mucho más realizable que si simplemente la dejas como una generalidad.

Repite este mismo procedimiento con cada una de las siguientes metas A2, A3... Una vez hayas terminado este proceso tendrás una lista de metas claramente definidas y en orden de prioridad. Pero, aún más importante, tendrás también una lista organizada en orden de prioridad, de todas las acciones, o actividades y objetivos claramente definidos que te ayudarán a alcanzar cada una de esas metas. En otras palabras, tanto tus propósitos como tus planes estarán claramente definidos.

Una vez llegues a este punto es posible que algunas de las metas que escribiste inicialmente durante el segundo paso pasen a ser etapas intermedias en la realización de una de tus metas A. Más adelante descubrirás que algunas de las metas que hoy consideras A pueden pasar a un segundo plano en lo futuro mientras que otras pueden adquirir mayor prioridad. Tu plan de acción debe ser serio, pero a su vez debe ser flexible y dinámico.

Puedes trabajar en varias metas a la vez. No obstante, no trates de trabajar en todas a un tiempo, ya que corres el peligro de diluir tus esfuerzos.

**Mis diez metas profesionales
más importantes**   **Fecha**

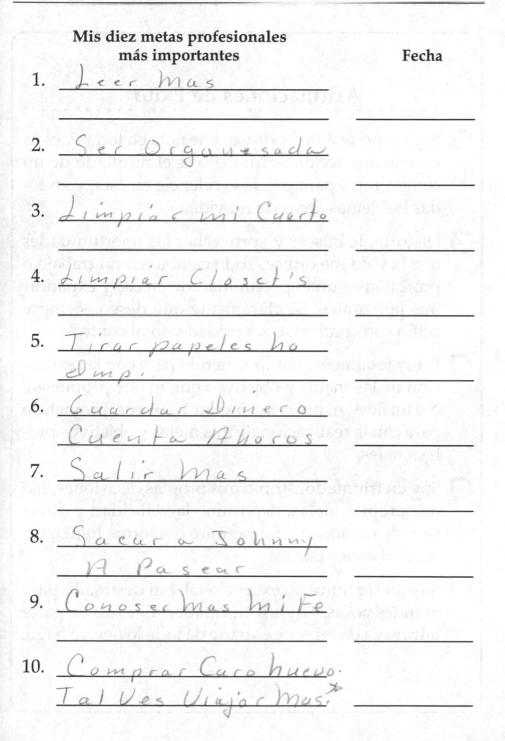

1. Leer Mas
_____   _____

2. Ser Organisada
_____   _____

3. Limpiar mi Cuarto
_____   _____

4. Limpiar Closet's
_____   _____

5. Tirar papeles ho
   Imp.   _____

6. Guardar Dinero u
   Cuenta Ahoros   _____

7. Salir Mas
_____   _____

8. Sacar a Johnny
   A Pasear

9. Conoser mas mi Fe
_____   _____

10. Comprar Caro huevo.
    Tal Ves Viajar Mas.*   _____

Afirmaciones de Éxito

☐ Soy un profesional exitoso, y se nota en todas y cada una de mis acciones. Mi éxito es el resultado de mi compromiso para con la excelencia en ésta, y en todas las demás áreas de mi vida.

☑ Disfruto de buscar y aprovechar las oportunidades que la vida me ofrece. Todo cambio en mi trabajo o profesión es una oportunidad de crecer y expandir mis horizontes. Sé claramente qué deseo, siempre actúo con confianza, seguridad y total control.

☐ Estoy totalmente comprometido para con la realización de las metas y objetivos que me he propuesto. No un 50%, ni un 99%, sino un 100% comprometido para con la realización de mis metas y objetivos profesionales.

☐ Soy un triunfador. Tomo mis propias decisiones, fijo mis propias metas, determino la velocidad y dirección de mi andar y no permito que otros tomen estas decisiones por mí.

☑ Soy un ser humano excepcional. Fui destinado para grandes cosas. Soy un triunfador. El éxito es parte intrínseca de mi ser y es parte de todo lo que yo hago.

☑ Si tuve dudas acerca de mis aptitudes en el pasado, hoy estas dudas ya no existen. Hoy es un gran día para deshacerme de todas las dudas que en el pasado no me permitieron avanzar.

☑ Me aseguro que mis seres queridos entiendan mis objetivos, deseos y compromiso para con mi desarrollo y crecimiento profesional. Su entendimiento y apoyo crean un gran entusiasmo y confianza en mí.

Capítulo III

El Ser Intelectual

*"En lo más profundo de la mente humana
habitan ciertos poderes adormecidos;
poderes que nos asombrarían;
poderes que jamás soñamos poseer;
fuerzas que revolucionarían nuestras vidas
si despertaran y entraran en acción."*

ORISON SWETT MARDEN

*"No es suficiente poseer una buena mente;
lo principal es saber usarla bien."*

RENÉ DESCARTES

$\mathcal{E}$n su teoría sobre la motivación humana, Abraham Maslow se refiere a la necesidad de autosuperación como a la más alta de las motivaciones humanas. Maslow lo explicaba de esta manera: Es fundamental para el pintor seguir pintando; para el escritor continuar escribiendo; y para cualquier profesional actualizar y expandir sus conocimientos.

La última década del siglo XX marcó la era a la cual Murikami Teruyasu, investigador del Nomura Research Institute de Japón, se refirió como a la era de la información intensificada. La cantidad de información disponible y la capacidad para obtener y utilizar dicha información marcó la diferencia entre quienes avanzaron y quienes se quedaron relegados. Sin embargo, esta era ha dado paso a otra etapa llamada la era de la creatividad intensificada, caracterizada por la aparición de empresas donde la curiosidad, la creatividad y la inventiva no sólo son estimuladas y premiadas, sino que han pasado a formar parte del *modus operandi* de la empresa. Una era donde los profesionales son retados a crear productos espectaculares. Esta capacidad creativa e inventiva es la que indudablemente marcará una gran diferencia en el nuevo milenio.

Es indudable que nuestra imaginación, intelecto y creatividad son responsables, en gran parte, de muchas de las metas que logremos alcanzar a lo largo de nuestras vidas. Gran parte de las invenciones, descubrimientos y obras artísticas de la historia han sido atribuidas por sus creadores a estas habilidades o capacidades mentales. Lo cierto es que estos atributos nos pueden ayudar a encontrar las respuestas a muchos de nuestros propios interrogantes si logramos descubrir cómo utilizarlos. Porque la buena noticia es que todos nosotros, en mayor o menor grado, ya poseemos dichas cualidades; aunque en ocasiones se encuentren adormecidas por falta de uso.

El mayor interés del Ser Intelectual es precisamente desarrollar todos aquellos aspectos que eleven y expandan tu intelecto. La autosuperación envuelve el uso total de los talentos, capacidades y potencial que existen dentro de cada uno de nosotros. Maslow escribía: "Yo concibo a la persona que constantemente busca autosuperarse no como una persona ordinaria con algo agregado a su ser, sino como una persona ordinaria a la cual nada se le ha quitado. La persona promedio es simplemente una persona completa e íntegra que posee capacidades y poderes cohibidos". En otras palabras, cuando crecemos intelectualmente y logramos superarnos, no estamos adquiriendo algo que antes no poseíamos. Lo que en verdad está sucediendo, es que estamos empezando a usar el potencial que ya se encontraba dentro de nosotros, y que hasta entonces reposaba en nuestro subconsciente sin ser utilizado.

La autosuperación representa nuestro compromiso hacia nuestro propio desarrollo espiritual, intelectual y profesional a través del desarrollo de nuestras capacidades y habilidades. Es indudable que el continuo desarrollo intelectual puede no ser necesario para alcanzar el éxito en otras áreas, no obstante es parte esencial para lograr una vida balanceada.

Durante la década de los 80 se inició una revolución sin precedentes. El objetivo: Adquirir un excelente estado físico, y tener un cuerpo esbelto. En esta búsqueda incesante de la eterna juventud encontramos que el ejercicio regular no sólo cambiaba nuestra apariencia física, y afectaba positivamente nuestra salud, sino que era una gran arma contra el estrés, que nos proveía de mayor vigor e influía de manera significativa sobre nuestra actitud y autoestima. Por esta razón empezamos a fijar metas orientadas a ejercitar nuestro cuerpo, y comenzamos a vigilar cuidadosamente nuestra dieta. Las personas que habían estado inactivas por muchos años pudieron comprobar que, en verdad, cuando se dejan de ejercitar los músculos, éstos comienzan a atrofiarse y a perder su flexibilidad y su fuerza. Pues bien, al igual que los músculos, la mente se atrofia y se endurece si no es ejercitada frecuentemente. Es más, se ha comprobado que el cerebro mismo se fortalece cuando es usado regularmente.

Son dos las razones principales por las cuales prestamos poca atención a la tarea de fijar metas que nos ayuden a desarrollar nuestra propia creatividad.

La primera es que la creatividad es una de esas capacidades mentales que, erróneamente, suele ser concebida como una aptitud innata que tenemos la suerte de poseer, o la desgracia de no haber herredado. No obstante, al igual que con la memoria, la creatividad es algo que podemos desarrollar a cualquier edad. Ella no es más que la capacidad de producir algo nuevo, algo que no existía antes. Curiosamente, y al igual que con las demás facultades mentales, la creatividad abunda durante la juventud y, en algunos individuos, disminuye con el paso del tiempo. Esta disminución de la capacidad creadora generalmente suele ser el resultado de la falta de ejercitarla con regularidad.

La segunda razón es que, por desgracia, la creatividad no es cultivada en las aulas de muchos centros educativos, en donde los conocimientos generales y la disciplina son los únicos parámetros que cuentan. Es más, a pesar de encontrarnos en una época en que muchos de nuestros educadores se jactan de ser progresistas y abiertos a nuevas estrategias, en muchas ocasiones la creatividad continúa siendo censurada por maestros que la ven como la incapacidad de seguir instrucciones o formatos preestablecidos. Son muchas las historias de personas que prefirieron sacrificar su educación escolar o universitaria, a permitir que su creatividad, imaginación e inventiva cayeran víctimas de sistemas escolares represivos. Muchas de estas personas pudieron dar rienda suelta a su creatividad y lograron alcanzar grandes niveles de éxito.

En cierta ocasión, uno de los profesores de Albert Einstein le dijo a los padres de éste lo siguiente: "Albert es un estudiante poco aplicado; es demasiado lento para asimilar las cosas, poco sociable y siempre está soñando despierto. Él es una distracción para el resto de la clase, y sería de beneficio para todos si fuese retirado de la escuela inmediatamente". Vale la pena recordar que Albert Einstein también perdió los exámenes de ingreso a la universidad en una ocasión.

Existe un gran número de actividades que nos pueden ayudar a estimular y desarrollar nuestra creatividad, entre ellas escribir, pintar, aprender a tocar un instrumento musical, actuar, visitar museos y sitios históricos, la apreciación de otras culturas y costumbres y en general toda actividad que expanda tu entendimiento del mundo que te rodea.

Estas y muchas otras actividades no sólo alimentarán tu mente con la clase de información que necesitas para estimular el máximo uso de tu potencial, sino que también te permitirán desarrollar y edificar ese hemisferio creativo de tu cerebro que en ocasiones suele ser ignorado. De igual manera, dichas actividades suelen ser un gran antídoto para dar salida a la acumulación de estrés que puedas estar experimentando.

Aquellas personas que poseen una gran creatividad, pero que debido a su horario y volumen de trabajo o al manejo inapropiado de su tiempo, no logran dar salida a este interés, generalmente experimentan gran frustración que, en algunos casos, llega a causar peligrosos niveles de depresión.

Es triste ver cómo gran parte de los sueños que teníamos cuando pequeños parecen desaparecer a medida que pasan los años. No dejes que esos sueños de pintar un hermoso cuadro, de escribir un libro, de aprender a tocar un instrumento musical desaparezcan. Fija metas dirigidas a revitalizar esos intereses perdidos. Lo único que necesitas es tomar la decisión. Recuerdo que a los doce años de edad escribí mi primera historia corta. Durante los siguientes quince años esporádicamente escribía un poema o una prosa. No sé cuándo comenzó a renacer en mí la idea de escribir un libro. Sólo sé que en 1991, cuando resolví sentarme a evaluar nuevamente mis metas, decidí empezar a escribir. Un año más tarde, el manuscrito de mi libro *En busca del sueño americano*, estaba terminado. Reencuéntrate nuevamente con aquellas actividades que siempre deseaste llevar a cabo, nunca es demasiado tarde para ello.

He aquí algunas actividades que estimulan el desarrollo de tu Ser Intelectual. Marca sólo aquellas actividades que realizas de manera consistente:

Puntos

✔ Leo parte de un buen libro todos los días (1)

✔ Tengo interés en otras áreas profesionales fuera de la mía (1)

✔ Soy miembro de una organización profesional en la cual participo activamente (1)

✔ Dedico cierto tiempo semanalmente a pasatiempos como la pintura o la escritura (1)

✔ Visito la biblioteca y la librería con cierta regularidad (1)

✔ He asistido a una función de ópera, teatro, *ballet*, o a un concierto durante los últimos seis meses (1)

✔ Durante el último año he visitado por lo menos dos museos o salas de exposición de arte (1)

✔ Esporádicamente participo en cursos de crecimiento personal y profesional (1)

✔ Durante el último año he visitado varios
sitios históricos   (1)

✔ Suelo meditar o pensar profundamente acerca
de mi misión personal   (1)

✔ He escrito un ensayo, historia, poesía o cuento   (1)

✔ Suelo estar alerta acerca de cualquier tipo de
eventos culturales en mi ciudad o comunidad   (1)

✔ He participado en obras de teatro o grupos
musicales durante el último año   (1)

✔ Suelo resolver crucigramas, o distraerme en otra
clase de juegos mentales   (1)

✔ Leo revistas de carácter científico, literario,
cultural o empresarial   (1)

- **Si has sumado menos de 5 puntos, tienes tu área de crecimiento intelectual muy descuidada. Mira algunos de los puntos que no marcaste y determina cuál de ellos puedes incluir en tu plan de actividades intelectuales.**

- **De 6 a 10, estás muy bien, pero quizás necesitas comenzar a introducir nuevas variantes a tu área de crecimiento intelectual. Aventúrate en campos nuevos. Es posible que encuentres gratas sorpresas.**

- **Más de 10, continúa como vas. Es hora de compartir tu riqueza con otras personas que conozcas, que en tu opinión hubiesen alcanzado menos de cinco puntos en esta autoevaluación.**

Como ya te habrás dado cuenta, cuando me refiero al desarrollo intelectual, no necesariamente me estoy refiriendo a que tu coeficiente de inteligencia debe convertirse en una de tus metas. El éxito y el nivel de inteligencia no necesariamente van juntos. Rembrandt tenía un IQ menor de 110; Albert Einstein perdió matemáticas en la escuela. Curiosamente, Einstein presentó inicialmente su teoría de la relatividad como su tesis de grado y no le fue aprobada. En una entrevista realizada para una de las cadenas de televisión de Estados Unidos hace algunos años, Richard Branson, presidente y fundador de Virgin Atlantic y Virgin Records se describía a sí mismo como el típico estudiante promedio. Nunca las mejores notas, pero siempre un deseo ardiente de salir adelante. Hoy a la edad de cuarenta y siete años, su fortuna es superior al billón de dólares.

Bill Gates dejó la universidad en busca de un sueño. Hoy, su búsqueda no sólo lo ha convertido en el hombre más rico del mundo, sino que su contribución al avance y desarrollo de la humanidad ha sido y seguirá siendo por muchos años incalculable. Estos tres hombres alcanzaron gran fama y fortuna, a la vez que contribuyeron al progreso del mundo. Sin embargo, sus historias son también prueba de que el éxito y el cociente de inteligencia o las notas escolares no necesariamente van de la mano.

Emerson advertía acerca de no rechazar nuestras propias ideas por el simple hecho de ser nuestras, como muchas personas suelen hacer, tal vez creyéndose incapaces de generar ideas novedosas. Es común escuchar personas a las que acaba de ocurrírseles una idea, decir cosas como éstas: "No, si esto funcionara, seguramente ya se le hubiese ocurrido a alguien", e inmediatamente proceden a desechar y olvidar dicha idea. Curiosamente, Bill Gates estuvo lejos de ser el inventor de la computadora personal o de los programas que se encargan de que ésta funcione. Su éxito no fue más que el aferrarse tercamente a un sueño, a una visión y no descansar hasta materializarlo. El inventor de la computadora personal no le vio mucho futuro a su idea, abandonó el proyecto y volvió a su trabajo en los archivos de un departamento médico.

A este respecto Emerson escribió: "Todos debemos aprender a detectar aquellas ideas que como rayos de luz nacen en el interior de nuestras mentes. Si no lo hacemos, corremos el peligro de que, el día de mañana, un perfecto extraño presente, con mucha convicción y orgullo, la misma idea que nosotros ya habíamos venido acariciando por algún tiempo, y entonces nos veamos en la penosa necesidad de escuchar nuestra propia opinión de labios de otra persona".

Cuando me refiero a desarrollar tu capacidad intelectual, estoy hablando de cultivar aquella parte de tu ser que puede convertirse en tu mejor aliado o en tu peor enemigo: tu mente subconsciente. Como ya he mencionado en varias oportunidades, tú eres quien eres y te encuentras donde te encuentras como resultado de todo aquello que ha tenido cabida en tu mente.

Un factor importante y fundamental para tu éxito es adquirir el hábito de la lectura. Como mencionaba en el capítulo anterior, los grandes triunfadores han sido, en su gran mayoría, grandes lectores. Fija la meta de leer por lo menos veinte minutos diarios de un buen libro. Este hábito puede traer más adelante grandes dividendos en tu camino hacia el éxito.

Otras facultades mentales que se verán beneficiadas por las actividades que he mencionado a lo largo de este capítulo son la memoria y el poder de concentración. Estas dos capacidades constituyen habilidades intelectuales que pueden ser revitalizadas y fortalecidas con el uso, aunque también pueden disminuir notablemente si dejas de utilizarlas.

Lo que he pretendido en este capítulo es hacer que entendamos la imperiosa necesidad de prestar atención a todo tipo de actividades que nos permitan agudizar el poder de esa increíble máquina llamada cerebro.

Cuando me refiero a leer, pintar, o desarrollar nuestra creatividad, me estoy refiriendo a la importancia de ejercitar nuestra mente. Estas tres libras de masa gris, que contiene diez de los doce billones de neuronas del sistema nervioso y pueden guardar más de cien trillones de *bits* de información.

Es increíble, pero si anexáramos todos los axones de las células del cerebro, la distancia sería tres veces la distancia que separa la Tierra de la Luna. Existen más conexiones entre las neuronas del cerebro de una persona que en todos los sistemas telefónicos del mundo puestos juntos. Y comparto esto contigo para que sepas que lo que posees en los quince centímetros entre oreja y oreja es una de las máquinas más poderosas del mundo. Sin embargo, en ocasiones estos quince centímetros se convierten en nuestro peor enemigo.

Así que lo que tus metas intelectuales deben perseguir es el dominio de esta poderosa maquinaria de realizar sueños. De igual manera debes buscar, por todos los medios, proteger tu mente subconsciente de las influencias negativas del mundo exterior.

William James, quien fuera profesor de la Universidad de Harvard, y considerado como el padre de la psicología en Estados Unidos, solía decir: "El poder para mover el mundo se encuentra dentro de la mente subconsciente".

Todo aquello que tú programas en tu mente subconsciente buscará reflejarse en tu mundo exterior. Se manifestará en las circunstancias, condiciones o eventos que ocurran en tu vida. Toda actitud, creencia o sentimiento que mantengas en el subconsciente, suele manifestarse en tu mundo exterior. Una de las causantes más comunes de la miseria e infelicidad personales es la falta de entendimiento de esta relación entre la mente subconsciente y las circunstancias y eventos que ocurren en nuestras vidas.

Las imágenes mentales que consistentemente mantenemos en nuestro subconsciente buscan manifestarse en nuestro mundo exterior. Las acciones y ocurrencias externas suelen ser consecuencia directa de las acciones y ocurrencias internas.

El dar cabida en nuestro subconsciente a pensamientos negativos y destructivos genera fuerzas y sentimientos negativos dentro de nosotros, que suelen manifestarse en males y aflicciones en el cuerpo, como úlceras, males del corazón, hipertensión, artritis, males de la piel, problemas digestivos, migrañas, cáncer y otras enfermedades.

No es que estos pensamientos sean la única causa de estas enfermedades; sin embargo, muchos artículos y referencias en revistas y publicaciones médicas muestran cómo el estado emocional y mental de la persona contribuye en gran medida a estas enfermedades. Millones de personas son causantes de muchos de los males que las aquejan, con las ideas negativas que mantienen en su mente consciente.

Por tal razón, otra de tus metas intelectuales debe ser la erradicación de emociones negativas como la preocupación, la duda, el odio, la rabia, la amargura, la venganza, y el miedo, entre otras. Emociones negativas que intoxican el subconsciente, destruyen tu creatividad y limitan el uso de tu verdadero potencial.

Lo curioso es que nadie nace con estas emociones. Este tipo de negativismo es aprendido y condicionado o programado en nuestro subconsciente. En la medida en que comienzas a cambiar tus pensamientos conscientes y comienzas a pensar de una manera más positiva, más optimista, sentando metas en las diferentes áreas de tu vida, comienzas poco a poco a cambiar esa programación. Al hacer esto, automáticamente cambias la dirección y el rumbo de tu vida.

Recuerda que tu mente subconsciente no puede protegerse de los pensamientos negativos que se encuentren en tu consciente o cualquier otro tipo de negativismo al cual te expongas. Tu actitud mental está forjada por todo aquello en lo que piensas constantemente y todas las ideas a las cuales te expones. Y si son negativos, todos lo que leas en el periódico, escuches en la radio o veas en la televisión, si lo haces de manera repetitiva, tenderá a incorporarse con asombrosa facilidad en tu subconsciente. Y si son negativos todos estos mensajes arruinan tu autoconfianza, autoestima y coraje para actuar, y suelen desviarte o detenerte de alcanzar tus metas o perseguir tu propósito en tu vida.

En su libro *El Poder de la Mente Subconsciente*, el doctor Joseph Murphy se refiere a la mente subconsciente como a un jardín y a ti como el jardinero. Todos los días tú te encuentras plantando semillas en tu mente subconsciente en la forma de pensamientos. Así que lo que tú siembras en tu mente subconsciente con tus pensamientos diarios es precisamente lo mismo que cosecharás de tu jardín en la forma de resultados.

Lo interesante es que en este mundo inundado por sofisticados medios de comunicación, en este mundo de satélites, teléfonos celulares, fax, *information super highway* y fibras ópticas, cerca del 80% de la comunicación en la que nos vemos implicados diariamente ocurre en el interior de nuestra mente. Ciertos estudios han concluido que la persona promedio habla consigo misma alrededor de catorce horas diarias. Ya sea mentalmente o en voz alta, la persona promedio mantiene un diálogo interno consigo misma durante una gran parte de su día. Y es precisamente este tiempo de diálogo y comunicación interna el que nosotros utilizamos para programar y reprogramar nuestra mente subconsciente.

Lo triste es que estos mismos estudios han demostrado que 85% de este diálogo interno es negativo y puede ser contraproducente para nuestro éxito personal.

Si te parece que este porcentaje no es más que una exageración, examina las siguientes expresiones y marca aquéllas que tú hayas utilizado durante el último año.

- ❏ Nunca recuerdo nombres.
- ❏ Le aseguro que no va a funcionar.
- ❏ Qué mala suerte la mía.
- ❏ Yo sí soy muy de malas.
- ❏ Yo no tengo talento para eso.
- ❏ Nada me sale bien.
- ❏ Definitivamente, éste no es mi día.
- ❏ Nunca me queda tiempo.
- ❏ Yo no tengo paciencia para eso.
- ❏ ¡Lunes, otra vez!
- ❏ Qué estúpido soy.
- ❏ Me enferma sólo pensar en ello.
- ❏ Nunca se me ocurre qué decir.
- ❏ Es que soy demasiado tímido.
- ❏ Con mi suerte, no creo tener posibilidades.
- ❏ Me ha sido imposible dejar de fumar.
- ❏ Nada parece salirme bien.
- ❏ Ya no tengo energía suficiente.
- ❏ El dinero nunca me alcanza.
- ❏ Siempre alguien se me adelanta.

- ❏ Nadie me quiere.
- ❏ Estoy tan deprimido.
- ❏ Ya sé que no soy el mejor.
- ❏ Es imposible.
- ❏ Voy a tratar.
- ❏ Ya no aguanto más.
- ❏ Voy de mal en peor.
- ❏ Odio mi trabajo.
- ❏ Definitivamente, yo no sirvo para eso.
- ❏ Siempre he sido malo para eso.
- ❏ Si fuera un poco más alto.
- ❏ Si tuviera un poco más de tiempo.
- ❏ Si tuviera más dinero.
- ❏ No es mi culpa.
- ❏ Yo no puedo hacer nada al respecto
- ❏ Yo no puedo hacer nada
- ❏ Siempre me toca solo.
- ❏ Ojalá no me salga mal.
- ❏ Ojalá no llegue tarde.
- ❏ Lo veo demasiado difícil.
- ❏ A mí nada me sale bien.

¿Qué opinas ahora de tu autoprogramación? De ahora en adelante programa tu mente con las actitudes que te permitan aprovechar al máximo el potencial que ya reside dentro de ti. Cuando te encuentres frente al espejo, o cuando vayas en tu automóvil, o en cualquier momento, utiliza expresiones como las siguientes:

✔ Soy una persona de éxito.

✔ Soy una persona especial.

✔ He nacido para triunfar.

✔ Me gusta como soy.

✔ Soy único.

✔ Soy una persona responsable.

✔ Soy un gran padre de familia.

✔ Soy un (a) gran esposo (a).

✔ Poseo un gran entusiasmo.

✔ Amo la vida.

✔ Tengo gran vitalidad y energía.

✔ Siempre me enfoco en las posibilidades.

✔ Sé hacia dónde voy.

✔ Soy consciente de mis decisiones.

✔ Disfruto de ser disciplinado.

✔ Gozo de gran salud.

✔ Rara vez me enfermo.

✔ Me fascina ayudar a los demás.

✔ Soy alguien en quien se puede confiar.

✔ No hay nada imposible para mí.

✔ Gozo de paz interior en mi vida.

✔ Doy gracias por ser quien soy.

✔ Respeto a los demás.

✔ Siempre doy un 100% de mí.

✔ Me gustan los nuevos retos.

✔ Amo lo que hago.

✔ Nunca invento excusas para quedar bien.

✔ Soy un triunfador.

Recuerda entonces que otra de tus metas intelectuales debe ser el evaluar la clase de diálogo interno que estás sosteniendo y cambiarlo si fuese necesario.

Plan de Acción

1. ¿Busco constantemente oportunidades que estimulen mi crecimiento intelectual? Si la respuesta es NO, ¿qué puedo hacer al respecto?

2. Enumera cinco actividades que hoy no realizas (o por lo menos, no lo suficiente), que puedes incorporar entre tus nuevos hábitos de éxito, para expandir tu crecimiento intelectual. Sé lo suficientemente específico:

   a) _____

   b) _____

   c) _____

   d) _____

   e) _____

3. ¿Leo lo suficiente? Escribe a continuación una lista de los próximos tres libros que vas a leer (¡compra el primero!):

   a) _____

   b) _____

   c) _____

4. ¿Qué puedo hacer para convertirme en un verdadero estudiante del éxito?

   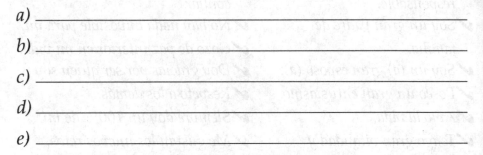
   Leer, Tener Mas Conocimiento en huevos Exitos

5. ¿Refleja mi modo de vida actual las verdaderas aspiraciones que poseo en el área intelectual? Si la respuesta es

NO, ¿qué actividades debo eliminar para vivir una vida más coherente con mis valores intelectuales? (¡comienza eliminando la primera HOY mismo!):

a) _____

b) _____

c) _____

6. ¿Busco asociarme con personas que estimulen mi crecimiento interior y de las cuales pueda aprender? Si la respuesta es NO, enumera tres actividades específicas que puedes desarrollar para buscar asociarte con personas que puedan ser partícipes en la expansión de tu intelecto:

a) _____

b) _____

c) _____

7. ¿Disfruto del reto que representa aventurarse en campos desconocidos que exijan capacidades distintas a las que usualmente utilizo? Enumera las cinco actividades que verdaderamente te han retado intelectualmente durante el último año:

a) _____

b) _____

c) _____

d) _____

e) _____

**Mis diez metas intelectuales
más importantes**   **Fecha**

1. _____

_____   _____

2. _____

_____   _____

3. _____

_____   _____

4. _____

_____   _____

5. _____

_____   _____

6. _____

_____   _____

7. _____

_____   _____

8. _____

_____   _____

9. _____

_____   _____

10. _____

_____   _____

Afirmaciones de Exito

. . . .

☐ Sé que la grandeza comienza en la mente de las personas grandes. Sé que aquello que crea acerca de mí mismo, será en lo que eventualmente me convertiré. Por tal razón, siempre creo lo mejor acerca de mí, y espero lo mejor de mí.

☐ Cada vez que observo algo en mí mismo que deseo cambiar, o cada vez que veo algo que deseo alcanzar, lo escribo en palabras claras, fijo una meta clara para conseguirlo, y tomo acción inmediata, sin detenerme, hasta alcanzarlo.

☐ Soy poseedor de grandes cualidades. Tengo muchos talentos, destrezas y habilidades. Cada día descubro nuevos talentos y habilidades dentro de mí. Soy inteligente, creativo, mi mente es rápida, alerta y vivaz.

☐ Sólo doy albergue a buenos pensamientos. Mi mente siempre se encarga de mostrarme el camino correcto. Siempre estoy alerta a nuevas oportunidades que puedan despertar en mí nuevos e inexplorados talentos y habilidades.

☐ Uso bien mi mente. Mantengo mis capacidades mentales en óptimas condiciones, y cada día busco la manera de mejorar y agudizar cada una de mis capacidades mentales.

☐ Poseo una excelente memoria. Recuerdo nombres con gran facilidad. Mi memoria es mi mejor aliada en recordar y programar los hábitos de éxito que me permitirán alcanzar todas y cada una de mis metas.

☐ Nunca he creído que la creatividad haya sido reservada para unos pocos. La creatividad es parte de la capacidad mental de todos los seres humanos. Por esta razón, he decidido desarrollar al máximo mi capacidad creativa.

Capítulo IV

El Ser Espiritual

"Mi religión consiste en una humilde admiración hacia el espíritu ilimitadamente superior, que se muestra a sí mismo en los insignificantes detalles que somos capaces de percibir con nuestras frágiles y débiles mentes."

ALBERT EINSTEIN

"Yo creo que cuando dejemos este mundo, y nos encontremos frente a nuestro Creador, la cuestión no va a ser acerca de cuántas veces dejamos de ir a misa, o dar limosna, o cuántas veces dijimos una mala palabra. Yo me inclino a creer que la cuestión más bien va a ser acerca de cuántas personas fueron más felices, o cuántas personas vivieron mejor como consecuencia de que sus vidas se hayan cruzado con la nuestra."

NORMAN VINCENT PEALE

*A*l empezar a escribir este capítulo convergieron en mi mente dos sentimientos aparentemente antagónicos. El primero fue la necesidad de ser objetivo en mis apreciaciones, puesto que no busco, de manera alguna, imponer mis propias creencias espirituales. El segundo era mi deseo de compartir mis propias vivencias y convicciones en esta área tan abiertamente como he venido haciéndolo a todo lo largo del presente libro. La gran interrogante era: ¿Cómo compartir estos valores espirituales con los lectores sin que ello pudiese llegar a ser interpretado como un intento de influir en sus propios valores o convicciones espirituales?

Entre diciembre de 1993 y diciembre de 1996, murieron dos de los más grandes escritores y conferencistas motivadores de los últimos tiempos, Norman Vincent Peale y Og Mandino. Cuando me enteré de la muerte de Norman Vincent Peale, volvió a mi memoria el recuerdo de aquella tarde cuando tuve la fortuna de verlo por primera vez en un escenario. El tema de la conferencia era la necesidad de definir claramente nuestras metas. Recuerdo que él subió al estrado con paso rápido y certero, a pesar de sus más de noventa años de edad, tomó el micrófono y empezó su presentación de la siguiente manera: "Bien, puesto que vamos a hablar de la necesidad de establecer metas, voy a compartir con ustedes mis metas personales para los próximos diez años".

La audiencia rió respetuosamente ante aquella afirmación. Recuerdo que el primer pensamiento que vino a mi mente fue el siguiente: "He aquí una persona que cuenta con más de noventa años de edad, compartiendo sus metas para los próximos diez años, mientras que en la primera fila seguramente habrá personas con menos de treinta años de edad que probablemente ni siquiera saben lo que van a hacer la próxima semana". Norman Vincent Peale continuó con una magistral exposición que concluyó con el pensamiento que da inicio a este capítulo. Un pensamiento, que a mi modo de ver, resume muy bien la espiritualidad a la cual quiero referirme en las siguientes páginas.

Después de darle vueltas y vueltas por varios días a la decisión sobre cómo empezar este capítulo, decidí leer nuevamente autores cuyos libros han tenido gran influencia en mi vida. Grandes motivadores y líderes como Ralph Waldo Emerson, Benjamín Franklin, J.C. Penney, Norman Vincent Peale, Zig Ziglar, Robert Schuller, Og Mandino, y muchos otros. Encontré que para todos ellos su vida espiritual jugaba un papel muy importante en su plan de éxito.

Todos mostraban un común denominador: Una profunda fe en sus creencias, al igual que un compromiso constante hacia el desarrollo de sus valores espirituales. Comprendí también, que mis acciones, al igual que las suyas, siempre se verían influidas por mis valores y creencias espirituales. En mi caso personal, una de mis metas ha sido siempre buscar que mi relación personal con Dios se traduzca en una mejor relación con todas aquellas personas con las cuales tenga la oportunidad de entrar en contacto.

Recuerdo hace algunos años una visita que la madre Teresa de Calcuta hiciera a Estados Unidos. En aquella ocasión ella visitó un albergue para desamparados en la ciudad de Filadelfia. Puesto que se había programado que ella cenaría y pasaría la noche en el albergue, los organizadores de su visita habían construido un cuarto especial, con una cómoda cama donde ella pasaría la noche. No obstante, la madre pidió que se le cediera la cama a otra persona que quizás pudiera necesitar más de esa comodidad, mientras ella pasó la noche en una modesta cama como los demás transeúntes de aquel albergue. En el momento de la cena, en lugar de tomar asiento en el sitio especial, preparado en su honor, Teresa de Calcuta decidió ayudar a servir la comida a las demás personas, antes de sentarse a comer.

El organizador de aquella reunión era una persona de mucha influencia en la comunidad, y aunque le conmovía enormemente la humildad de la madre Teresa, le afanaba el no poder, aparentemente, hacer nada por ella, para que su visita fuese lo menos dispendiosa en su ya delicada salud. Incapaz de brindar cualquier comodidad a una persona que obviamente estaba más interesada en dar que en recibir, se acercó y le dijo: "Madre, yo verdaderamente deseo ayudarla, y me gustaría que usted me permitiese poder atenderla. ¿Qué puedo hacer para ayudar a su causa? Yo podría organizar programas en la radio con el fin de reunir fondos para ayudar a los desamparados. Puedo brindarle cubrimiento televisivo para sus eventos. ¿Por favor madre, dígame qué puedo hacer para ayudar?".

La madre Teresa de Calcuta le agradeció por su buena vo-
luntad y luego le respondió: "Si en verdad deseas ayudar-
me, esto es lo que debes hacer: Encuentra una persona que
crea estar sola, que crea haber sido olvidada por el mundo.
Una persona que crea que ha sido marginada y que su vida
no vale nada, y convéncela que no es así. Déjale sentir que
está equivocada".

Si más personas buscásemos llenar el vacío que otras sienten, en lugar de sólo preocuparnos por nuestras necesidades personales, habría más felicidad en el mundo y nuestra
vida se enriquecería enormemente.

Y como la madre Teresa, ha habido muchas otras cuyo
mensaje espiritual ha logrado trascender las fronteras de la
religiosidad y logrado centrar su atención en la comprensión, el entendimiento y el amor que debe existir entre los
seres humanos, por el solo hecho de estar compartiendo
un mismo planeta.

Esto contrasta con los continuos conflictos en nombre de la
religión que aún se libran en países como Irlanda del Norte, entre católicos y protestantes, o en el Medio Oriente,
entre judíos y musulmanes. Conflictos que han probado
que es posible caer nuevamente en atrocidades monumentales como el holocausto en Bosnia. Conflictos que nos dejan ver cómo en ocasiones desarrollamos suficiente religión
como para saber qué nos separa y no suficiente
espiritualidad como para vislumbrar lo que nos une.

Esa es, precisamente, la labor del Ser Espiritual. El es quien
te recuerda que tus metas no deben ni pueden ser totalmente egocentristas, sino que deben comprometer y enri-

quecer a otras personas. Cuando sientas la necesidad de fijar metas orientadas a devolver a la humanidad parte de lo que has recibido de ella, puedes estar seguro que el Ser Espiritual está trabajando. Sin embargo, otra de sus funciones es dejarte saber que existe una fuerza más grande que tú. Es él quien te da la fe para creer que en verdad podrás alcanzar tus metas. El es un gran protector de tu amor propio y tu autoestima.

¿Has observado alguna vez a alguien que no ha sabido mantener en balance su vida espiritual? Hay quienes viven constantemente obsesionados con ciertos dogmas religiosos al punto de llegar al fanatismo. Muchas de estas personas suelen ser presa fácil de cultos y sectas que absorben totalmente su atención y terminan por hacer desaparecer las demás facetas de sus vidas. Jim Jones y el suicidio colectivo de sus más de quinientos seguidores en Guayana. Más recientemente David Koresh en Waco, Texas, o el suicidio de un par de docenas de personas convencidas que la aparición de un cometa era su vehículo de entrada a las puertas del cielo. Los ataques de sectas religiosas en Japón son todos prueba del peligro que corremos cuando concebimos erróneamente el concepto de espiritualidad, y permitimos que esta faceta de nuestra vida opaque todas las demás y rompa el balance que debe existir.

En el otro extremo están aquellas personas a quienes parece no importarles su área espiritual. Son los que afirman no creer en nada o en nadie y, como resultado, llevan una existencia vacía. Con el tiempo, estas personas llegan a desarrollar una actitud cínica frente a la vida y hacia los demás. Yo he encontrado personas que abiertamente admiten que su filosofía para no fracasar o sufrir ningún tipo de desencanto consiste simplemente en no creer en nada ni nadie y no esperar demasiado de la vida.

Los dos casos mencionados representan los extremos de una vida espiritual fuera de balance.

Para mantener el balance de tu existencia es necesario que al concretar tus objetivos, te detengas y pienses en tu discurrir espiritual, fijando metas que te ayuden a crecer en esta área; metas que en tu opinión, y de acuerdo con tus creencias personales, traigan a tu vida paz interior. Metas y actividades que te permitan desarrollar mejores relaciones con las demás personas, y te lleven a compartir con otros los dones y habilidades que posees. De esta manera, al final de tus días tendrás la certeza de haber impactado positivamente las vidas de otras personas, sin haber esperado nada a cambio. Es aquí donde debes definir tu relación personal con Dios, cualquiera que sea tu idea de El. Asegúrate de que tus acciones y tu diario vivir sean un reflejo de tus creencias y valores espirituales.

La Biblia es quizás la fuente de sabiduría más completa que yo haya podido encontrar a lo largo de mi vida. Para muchas personas es una herramienta poderosa y única para su crecimiento espiritual. Para otras, es simplemente una recopilación de fábulas e historias que ilustran principios para un mejor vivir. Personalmente, ella ha sido siempre una fuente de gran ayuda y guía a través de los años. En ella he encontrado todos los secretos del éxito que he presentado a lo largo de este libro.

Curiosamente, todos aquellos libros que he tenido la oportunidad de leer, escritos por líderes políticos, grandes empresarios, filósofos y otros expertos, simplemente han interpretado de diferentes maneras las ideas que he encontrado en las páginas del tratado sobre el éxito más completo que haya leído: *La Biblia*. Por ejemplo, cuando digo que es fundamental basar nuestro éxito en el éxito de los demás, o que necesitas traducir tu sueño en un deseo ardiente para poder convertirlo en realidad, o que nada se logra sin entusiasmo, me estoy refiriendo a principios extraídos de las páginas de este maravilloso libro.

De poco sirven las riquezas materiales y los logros profesionales si no contamos con la paz interior, la felicidad personal, y el cariño y respeto de aquéllos que nos rodean. Las cosas materiales son necesarias porque vivimos en un mundo material. Sin embargo, necesitamos también las riquezas espirituales, ya que existen muchas otras facetas en nuestra vida. Si yo lograra alcanzar los pedestales más altos en mi profesión, a costa de mi salud o de mi relación con mi esposa, o a costa de mi relación con Dios, no creo que pudiera considerar mi vida como un éxito.

En su libro *¡Exito!*, Glen Bland presenta una historia que ilustra este punto a la perfección. En 1923, nueve de los hombres más poderosos del mundo se reunieron en Chicago. Desde el punto de vista financiero, ellos tenían el mundo en las palmas de sus manos. Contaban con el dinero suficiente para comprar cualquier cosa que pudiese ser comprada. Sus riquezas y su poder eran admirados y envidiados por muchos. Estos nueve hombres eran:

• Charles Schwab, presidente de la compañía productora de acero más grande del mundo.

- Samuel Insull, presidente de la mayor compañía productora de electricidad.

- Howard Hopson, presidente de la más grande compañía productora de gas.

- Arthur Cutten, el mayor vendedor de trigo de Estados Unidos.

- Richard Whitney, el presidente de la Bolsa de Valores de Nueva York.

- Albert Fall, secretario del interior en el gobierno del presidente Harding.

- Jesse Livermore, gran inversionista de Wall Street.

- Ivar Kreuger, cabeza del monopolio más grande del mundo.

- Leon Fraser, presidente del International Settlements Bank.

Antes de que te apresures a envidiar la posición de cualquiera de ellos, veamos la situación en que estos personajes se encontraban veinticinco años más tarde, por el año de 1948:

- Charles Schwab quebró y pasó los últimos cinco años de su vida sobreviviendo con dinero prestado.

- Samuel Insull murió en tierra extranjera, prófugo de la justicia y sin un centavo en el bolsillo.

- Howard Hopson murió demente.

- Arthur Cutten perdió su solvencia económica y murió en el extranjero.

- Richard Whitney había acabado de ser puesto en libertad de la prisión de Sing Sing.
- Albert Fall acababa de recibir un perdón presidencial para que pudiera morir en compañía de su familia y no en prisión.
- Jesse Livermore se había suicidado.
- Ivar Kreuger se había quitado la vida.
- Leon Fraser también se había suicidado.

¿Ha cambiado tu opinión de este grupo? Ellos son un buen ejemplo de cómo puede desperdiciarse el talento recibido, cuando no nos preocupamos de mantener un equilibrio entre nuestros logros materiales y los demás aspectos de nuestras vidas. El rey Salomón escribió: "Las riquezas del rico son su ciudad fortificada, y forman un muro alto en su imaginación" (*Proverbios*, 18:11).

En el libro *Eclesiastés* encontramos el siguiente versículo: "El que ama el dinero, no se saciará de dinero; y el que ama el mucho tener, no sacará fruto. También esto es vanidad" (*Eclesiastés*, 5:10).

El otro extremo de esta falta de balance en nuestra vida espiritual lo forman quienes afirman que el dinero es la fuente de todo mal, y que todo lo material no puede conducir a nada bueno. No obstante, la verdad es que cada uno de nosotros gana dinero y tiene la libertad de usarlo tal como lo desee. Si lo utilizamos para hacer cosas buenas, entonces el dinero es bueno. Si lo empleamos para el perjuicio propio o de los demás, entonces es malo; depende de cómo lo utilicemos. Nosotros establecemos la diferencia al decidir qué hacer con él.

Acerca de tu vida espiritual

Asigna un puntaje de 1 a 5 a cada una de las siguientes preguntas, 1 siendo MUY POCAS VECES y 5 siendo CON MUCHA FRECUENCIA.

1. ¿Reflexionas comúnmente acerca de tu misión personal y tu contribución personal para con la humanidad? ____

2. ¿Encuentras que tus metas y aspiraciones involucran a otras personas y que has basado tu éxito en el éxito de otras personas? ____

3. ¿Participas en actividades comunitarias que busquen ayudar a otros individuos o grupos de personas? ____

4. ¿Te emociona profundamente el poder realizar algo por alguien que no tenga cómo devolverte el favor? ____

5. ¿Procuras tener buenas relaciones con las personas a tu alrededor, y buscar sacar a relucir sus mejores cualidades? ____

6. ¿Reflexionas con frecuencia acerca de cómo solucionar injusticias sociales que puedan estar afectando a otras personas, y buscas la manera de hacer algo al respecto? ____

7. ¿Tienes fe profunda en tus habilidades y en la realización de tus metas antes de empezar cualquier empresa? ____

8. ¿Buscas reconciliarte con otras personas y perdonas sus fallas así la culpa no haya sido tuya, o así ellas no te hayan ofrecido sus disculpas? ____

9. ¿Has tomado la decisión de no mantener dentro de ti rencores, envidias, resentimientos o antipatías hacia otras personas? ____

10. ¿Cada día sientes que posees una relación personal con Dios, cualquiera que sea tu idea de El? ____

> • **Sabiendo que el puntaje máximo que puedes obtener es de 50, ¿cómo te sientes acerca del puntaje que has obtenido?, ¿sientes que deberías hacer algo al respecto?, ¿cuál crees tú que pueda ser un buen primer paso?**

Yo creo que el pensar en nuestras metas espirituales es simplemente el tomar un poco de tiempo en el bullicioso camino de la vida, para evaluar si hemos estado dando o simplemente recibiendo. Examinar si hemos contribuido y agregado amor al mundo, o si estamos jugando el papel de simples espectadores. Pregúntate qué puedes hacer hoy, en tu comunidad, con los recursos con que ahora cuentas, para contribuir positivamente y hacer de este un mundo mejor. Esta es también una excelente oportunidad para examinar el estado de tu relación con las demás personas con las cuales compartes el planeta.

Plan de Acción

1. ¿Cuál es mi interpretación personal de lo que una meta espiritual debe ser?

_____

_____

2. ¿Dedico suficiente tiempo a reflexionar acerca de los valores que gobiernan mi vida?

_____

_____

3. Enumera cinco actividades que hoy no realizas (o por lo menos, no lo suficiente), que puedes incorporar entre tus nuevos hábitos de éxito, para continuar con tu crecimiento y desarrollo espiritual. Sé lo suficientemente específico:

   a) _____

   b) _____

   c) _____

   d) _____

   e) _____

4. ¿Desempeñan mis creencias éticas y mis valores morales un papel importante en las decisiones que tomo en las demás áreas de mi vida?

_____

_____

5. Si se me preguntara qué actividad específica creo que contribuiría al desarrollo espiritual de una persona, ¿cuál sería mi respuesta? ¿Llevo a cabo esta actividad en mi vida personal?

_____

_____

6. ¿Gozo de la paz espiritual que desearía poseer? Si la respuesta es NO, enumera tres actividades específicas que puedes empezar a realizar hoy mismo que te produzcan mayor paz interior:

   a) _____

   b) _____

   c) _____

7. ¿Respeto las creencias espirituales de los demás?

_____

_____

**Mis diez metas espirituales
más importantes**　　　　　　　**Fecha**

1. _____

_____　　_____

2. _____

_____　　_____

3. _____

_____　　_____

4. _____

_____　　_____

5. _____

_____　　_____

6. _____

_____　　_____

7. _____

_____　　_____

8. _____

_____　　_____

9. _____

_____　　_____

10. _____

_____　　_____

Afirmaciones de Exito

· ·

☐ Hoy es un gran día. Hoy tomo la decisión de hacer de este un día memorable. Elijo dar un 100% de mí mismo en todo lo que hago. Escojo vivir el día de hoy con alegría y entusiasmo, y brindar alegría, paz y amor al mundo en cada una de mis acciones.

☐ Poseo todo aquello que necesito para triunfar. Soy poseedor de gran pasión y coraje. Enfrento todo reto con confianza y seguridad, sabiendo que poseo las habilidades y la determinación para triunfar.

☐ Sonrío frecuentemente. Soy feliz interiormente y esta felicidad interior se traduce en alegría y entusiasmo externo constantes. Tengo un profundo amor por todos los seres humanos. Hoy buscaré dejar sentir ese amor al mayor número de personas.

☐ Soy genuino y sincero con todas las personas. Trato a quien encuentro con cortesía, respeto, empatía y consideración. Siempre busco cualidades en aquellas personas que conozco, y siempre suelo encontrarlas. He tomado la decisión de buscar y descubrir todo lo bueno en las personas.

☐ Las demás personas son importantes para mí. Siento un gran amor por todas las personas y un profundo deseo por ayudarlas en todo cuanto me sea posible. Mi amistad es siempre genuina, y mi sinceridad siempre real. Porque amo y acepto a los demás, la amistad y la sinceridad, son hábitos en mí.

☐ Me rehúso a permitir que los problemas y dificultades de la vida me depriman. Sé que ellos son parte del proceso de crecimiento continuo, y que inclusive el hoy más oscuro tiene un mejor mañana. Así lo espero; siempre lo busco; e invariablemente, siempre lo encuentro.

☐ Cuando puedo percibir alguna actitud negativa en otra persona, opto por ignorarla y busco concentrarme en los aspectos positivos de toda persona o situación. Creo en las demás personas. Espero toda nueva relación con fe y aceptación. Siempre tengo expectativas positivas de las demás personas.

Capítulo V

El Ser Recreativo

"Concibo que hay que evitar los placeres si la consecuencia de ellos son mayores dolores, y codiciar aquellos dolores que terminen por convertirse en grandes placeres."

MICHEL DE MONTAIGNE

"Un hombre que sufre antes de que sea necesario, sufre más de lo necesario."

SÉNECA

Entre las diversas causas de los altos niveles de estrés, depresión y agotamiento en el trabajo, la falta de recreación está muy alto en la lista de factores agravantes de estos males, muy típicos de estas dos últimas décadas del siglo xx. En nuestro afán por alcanzar las metas profesionales y financieras que nos permitieran mejorar nuestro estilo de vida, hemos olvidado uno de los elementos más importantes que deben caracterizar un buen modo de vivir: Nuestra capacidad para recrearnos y disfrutar del fruto de nuestro trabajo.

Muchos de nosotros nos levantamos en la mañana para ir a un trabajo del cual no gustamos. El solo hecho de salir de casa camino al trabajo, produce para muchos un estado de angustia y temor constantes, debido al tráfico, al caos y a la alta criminalidad que caracteriza muchas de nuestras ciudades.

Al reflexionar acerca de este capítulo me cuestionaba si nosotros experimentamos suficiente placer durante cada uno de nuestros días, o si la diversión y el placer han pasado a formar parte de las actividades que sólo realizamos un día a la semana o un par de semanas al año.

Varias investigaciones médicas han mostrado que tanto el placer, como la realización de actividades que nos motiven y nos diviertan, contribuyen al mejoramiento inmediato de nuestro sistema inmunológico, y la activación de los poderes autocurativos del organismo. Al estudiar aquellos individuos que han sobrepasado la edad de los cien años, se han encontrado algunos resultados realmente sorprendentes. Estas personas no son necesariamente las que mantienen la dieta más balanceada, realizan el plan de ejercicios más riguroso, o visitan al doctor con mayor regularidad. Lo que se ha encontrado en común en ellas es que son personas activas, que participan en actividades que las divierten y les producen placer. Son personas que disfrutan de caminar en la mañana, trabajar en el jardín o sentarse en el parque a disfrutar del atardecer; que ríen y lloran de alegría con gran facilidad, que han aprendido a disfrutar los simples placeres de la vida.

Por esta razón quiero empezar este capítulo con un autoanálisis, el cual tuve la oportunidad de realizar hace algunos años, que dio una perspectiva nueva a mi vida. Quiero que en los siguientes renglones, brevemente describas aquellas cosas que amas hacer.

¿Haces aquellas cosas que verdaderamente amas hacer?

He aquí una lista de veinte actividades que verdaderamente amo hacer. Cosas que, cuando las experimento, me hacen sentir profundamente conectado (a) con el resto del mundo, la naturaleza o aquellas personas importantes en mi vida. Cosas que me hacen sentir intensamente vivo (a) y feliz:

1. _Ver niños Reir SerFelices_
2. _Observar la naturalesa_

3. _Ohir los Cantos de Pajaros_ ___
4. _Caminar temprano en la mañana_ ___
5. _hira las Montañas_ ___
6. _la Playa_ ___
7. _Ohir el Rido de las Olas o Rio_ ___
8. _Cociendo_ ___
9. _Ver Caminar a Ancianos_ ___
10. _Agarados de las Manos_ ___
11. _el Ruido de los Arboles_ ___
12. _Cuando Ase Aire_ ___
13. _la quetud Del Vosque_ ___
14. _la Soledad y quetud de_ ___
15. _un Cuarto Solo_ ___
16. _Lavar los Trastes_ ___
17. _hir a Misa_ ___
18. ___ ___
19. ___ ___
20. ___ ___

Como ves, al final de cada línea hay tres pequeñas rayas. En la primera quiero que escribas una "P" frente a aquellas actividades que requieren de otra persona para realizarlas. En la segunda quiero que coloques una "D" frente a aquellas actividades que requieran más de veinte dólares para ser disfrutadas. Y en la tercera raya quiero que escribas la fecha de la última ocasión en la cual realizaste dicha actividad.

Cuando yo realicé esta evaluación, no me sorprendió encontrar que había actividades que me gustaba realizar solo y otras en compañía. Me sorprendió ver que, aunque muchas veces argüimos que lo que no nos permite divertirnos es la falta de dinero, muchas de las actividades que realmente amaba hacer requerían de poco o ningún dinero. Sin embargo, lo más sorprendente fue ver que, a pesar de que acababa de aseverar que amaba realizar dichas actividades, algunas de ellas no las había realizado en años.

Este es un buen punto de partida para sentar tus metas de diversión al final del capítulo.

Cuando hablamos de recrearnos, generalmente nos estamos refiriendo a apartar nuestra mente, nuestro cuerpo o nuestra atención de actividades que por su intensidad o por haber ocupado gran parte de nuestro tiempo pueden estar produciendo agotamiento o cansancio mental o físico. Las grandes multinacionales han descubierto que cuando sus ejecutivos dejan de tomar vacaciones por períodos de tiempo demasiado prolongados o cuando su trabajo intelectual no se ve balanceado por actividades de otra índole, su productividad, creatividad y capacidad de solucionar problemas y tomar decisiones se ve afectada negativamente.

Un gran número de artículos en diversas publicaciones han informado cómo, durante los últimos años, compañías de la talla de IBM, AT&T, Johnson & Johnson y muchas otras han introducido cambios a su cultura corporativa con el objetivo de brindar mayor nivel de recreación y esparcimiento a sus fuerzas laborales. El objetivo, evitar que el desgaste mental a que constantemente están sometidos en sus trabajos inutilice sus capacidades y habilidades profesionales.

Sin duda alguna, estas medidas han venido como respuesta a las insistentes y continuas demandas por parte de tu Ser Recreativo. Pero lo cierto es que las actividades recreativas y de esparcimiento son la solución a mucho más que simplemente el agotamiento en el trabajo. Por esta razón precisamente yo creo que no sólo es importante, sino vital el sentar metas que respondan a las necesidades de esta área de tu vida.

De otro lado, el asegurarte que suficientes actividades recreativas formen parte de tu estilo de vida es fundamental para tu desarrollo físico y mental. Un cuerpo fuerte y una mente despierta deben trabajar en armonía para alcanzar el éxito. Finalmente, éstas pueden también ser un vehículo afectivo para lograr un mayor acercamiento con tus seres queridos. Sin olvidar que las actividades recreativas pueden ofrecerte una fuente inagotable de alternativas, al momento de premiarte por el logro de una meta en cualquiera de las otras facetas de tu vida.

En cuanto al área recreativa se refiere, la gran mayoría de las personas se sitúan en uno de los dos polos opuestos. Aquellas personas que han optado por ignorar totalmente esta faceta de su vida, y aquéllos para quienes su Ser Recreativo parece ser el único que sienta metas y toma decisiones.

Cuando toco este punto durante mis seminarios, con frecuencia surge la siguiente queja: "El problema con mi esposo (a) es que cuando se trata de diversión, muchas veces él (ella) olvida que tiene familia". Este es un problema real y suele dar lugar a una gran cantidad de dificultades. La diversión y el esparcimiento en familia ofrecen una de las mejores oportunidades para eliminar las fricciones que puedan existir, fomentar el diálogo y estimular intereses de cada uno de los miembros de la familia. Cuando no prestamos atención a esta área, estamos renunciando a todos los beneficios que ella pueda representar.

Es importante no perder de vista que para mantener equilibrio en esta área, debemos cuidar de satisfacer los diferentes roles que jugamos. Si bien la diversión debe involucrar a nuestra familia, como pareja, en ocasiones es necesario buscar quién cuide los niños y salir solo con tu pareja. También debemos ser sensibles ante la necesidad que nuestra pareja o nuestros hijos, puedan tener por divertirse solos o en compañía de sus amigos.

Las actividades recreativas son una de las áreas que ofrece mejores oportunidades de acercamiento con nuestras parejas, hijos o amigos. No obstante, debido a las diferencias entre lo que las personas encuentran agradable o divertido, esta área, con toda su potencialidad para acercarnos, en ocasiones tiende a separarnos. Una de las razones más comunes por las cuales esto sucede es porque, en ocasiones, nos rehusamos a cambiar, a aprender y a experimentar con nuevas actividades recreativas que incluyan a nuestra esposa o esposo y a nuestros hijos. Un buen amigo mío que enfrentaba este problema me decía: "Pero es que a mí siempre me ha gustado el fútbol; es la actividad que más me distrae. Y no es que no desee compartirla con mi esposa; es más, siempre que tengo un partido de fútbol yo la invito para que venga a verlo". Desde su punto de vista, él estaba compartiendo, mientras que su esposa pasivamente jugaba el papel de espectadora. ¿Cómo solucionar este problema?

Al igual que mi amigo, todos nosotros hemos crecido llevando a cabo diferentes actividades de esparcimiento y hemos aprendido a hacer de ellas el centro de nuestra diversión. La persona que desde pequeña ha jugado tenis o asistido a los teatros, ha convertido estas actividades en su principal medio de distracción. Ahora bien, cuando esta persona contrae matrimonio, es posible que su pareja no sienta la misma atracción por dichas actividades. Es más, con seguridad él o ella gusta de otras diversiones que le apasionan y que seguramente también desea seguir realizando.

Ignorar estas obvias diferencias es la peor decisión que podemos tomar. Pretender que nuestra familia desempeñe el papel de simples espectadores es una decisión tan ineficaz como la primera. ¿Qué podemos hacer? Primero que todo, podemos empezar por interesarnos y aprender a disfrutar de las actividades que divierten y relajan a nuestra pareja. Cuando mi esposa me invitó a jugar *racketball* por primera vez, acepté sin mucho entusiasmo. No creí que me fuera a gustar este deporte, pese a que nunca lo había practicado. Hubiese preferido emplear aquel día en ir al Museo de Historia Natural de Nueva York. No obstante, pese a mi apatía inicial por el *racketball*, y a la aparente indiferencia de mi esposa por los museos, hoy éstas son actividades de las cuales, tanto ella como yo disfrutamos grandemente.

Debo admitir que en ésta y otras ocasiones que vendrían más adelante, tuve que hacer un esfuerzo inicial mayor para tratar de ver qué era lo que mi esposa encontraba tan fascinante. Estoy seguro que lo mismo le sucedía a ella; y, la verdad sea dicha, en lo que a mí respecta, no siempre encontré la respuesta. No obstante, mi deseo por compartir con ella fue mayor que cualquier objeción que hubiese podido encontrar.

Otra forma de compartir es explorando áreas que sean totalmente nuevas para los dos. Hace algún tiempo, mi esposa y yo aceptamos la invitación de un buen amigo para ir a jugar golf. Pese a que ninguno de los dos habíamos practicado este deporte anteriormente, terminamos disfrutando esta actividad y planeamos seguir haciéndolo en lo futuro.

También es importante planear actividades recreativas con nuestros hijos y evitar ser indiferentes hacia aquellas distracciones que puedan ser de interés para ellos. La diversión y la recreación son aspectos positivos de nuestras vidas; no obstante, éstas pueden convertirse en factores negativos si no les prestamos la debida atención.

Es importante aprender a recrearnos y divertirnos. Por muchos años, recreación fue para mí sinónimo de mirar televisión. El aparato de televisión representaba la única fuente de distracción. Esto, hasta aquel día en que resolví responder a la llamada que, desde el púlpito, hiciera el padre Ricardo González, quien pedía la colaboración de aquéllos que desearan tomar parte en una obra de teatro que sería presentada durante la Pascua. Nueve años más tarde, durante la fiesta de la Pascua de 1990, no sólo actuaba, sino que dirigía un grupo de dieciocho personas en la producción de dicha obra. Esa decisión de aventurarme en algo que era totalmente nuevo para mí, no sólo me dejó entrever cualidades de las cuales no me sabía poseedor, sino que me permitió entablar amistad con gran número de personas de excelente calidad humana.

Ciertamente, incluso en lo que respecta a tu área recreativa, es importante evitar la rutina. Y esto es algo que todos debemos aprender a hacer, inclusive si en principio no nos encontramos muy seguros de lo que estamos haciendo. Yo sé que si estamos dispuestos a experimentar, en muchas ocasiones los resultados pueden ser gratificantemente sorprendentes. Hace algunos años mi esposa me propuso que fuésemos a hacer un paseo en bicicleta por el condado de Lancaster en el vecino estado de Pensilvania; aunque inicialmente no me entusiasmó la idea, después de unos días decidimos tomar parte en la excursión. El viaje fue hermoso, y los recuerdos de aquellos días paseando en bicicleta junto con mi esposa, por caminos que se dibujaban en medio de extensos trigales y granjas de verduras, aún siguen tan vivos en mi mente como en aquel entonces.

También he tenido la oportunidad de visitar numerosos museos en Nueva York, París, Buenos Aires, Madrid y otras ciudades, y cada uno de ellos me ha proveído con una experiencia totalmente distinta. Para fortuna nuestra, hace muchos años que mi esposa y yo descubrimos que había muchas más y mejores maneras de distraernos que sentarnos frente al televisor; actividades que no sólo nos ayudaban a desintoxicarnos del estrés y las preocupaciones de la vida diaria, sino que ayudaban a afianzar nuestra relación de pareja.

Remar durante ocho horas en las turbulentas aguas del río Delaware, sentir las estrepitosas aguas de las cataratas del Niágara casi sobre nuestras cabezas, esquiar en la nieve por primera vez o las lecciones de tango en el YMCA, han sido experiencias que nos han traído más y más cerca el uno del otro y que nos han enseñado el verdadero significado de la palabra distracción. Y pensar que para una gran mayoría de personas la televisión aún continúa siendo la manera más común de distraerse.

Exploremos otras áreas, démosle a esta faceta de nuestra vida la importancia que merece, y podremos así gozar del placer de vivir y disfrutar plenamente cada uno de los días de nuestra vida.

Plan de Acción

1. ¿Estoy satisfecho con el tiempo que dedico actualmente a actividades recreativas?

   _____

   _____

2. ¿Comparto mis actividades de esparcimiento con aque-llas personas cercanas a mí? Si la respuesta es NO, ¿qué pienso hacer al respecto? Sé específico.

   _____

   _____

3. ¿Suelo posponer o considerar de poca importancia acti-vidades en esta área?

   _____

   _____

4. ¿Cuáles son las cinco actividades recreativas que mi pa-reja disfruta más?

   a) _____

   b) _____

   c) _____

   d) _____

   e) _____

5. ¿Cuáles son las cinco actividades recreativas que mis hijos disfrutan más?

a) _____

b) _____

c) _____

d) _____

e) _____

6. ¿Qué tanto tiempo a la semana dedico a mi recreación personal y familiar?

_____

_____

7. He aquí tres cambios en mi estilo de vida que me permitirán derivar mayor placer de cada uno de mis días:

a) _____

b) _____

c) _____

8. He aquí cinco actividades específicas que empezaré a realizar semanalmente para mantener un balance en esta área:

a) _____

b) _____

c) _____

d) _____

e) _____

9. ¿Utilizo la recreación como la gran oportunidad que es para desarrollar una mayor cercanía con mis hijos? Si la respuesta es NO, ¿qué pienso hacer al respecto? Sé específico.

**Mis diez metas recreativas
más importantes**   Fecha

1. _____ _____

_____ _____

2. _____ _____

_____ _____

3. _____ _____

_____ _____

4. _____ _____

_____ _____

5. _____ _____

_____ _____

6. _____ _____

_____ _____

7. _____ _____

_____ _____

8. _____ _____

_____ _____

9. _____ _____

_____ _____

10. _____ _____

_____ _____

Afirmaciones de Exito

. . . .

☐ Siempre me proporciono el tiempo adecuado para descansar y relajarme. Duermo con tranquilidad, y amanezco descansado y con energía para empezar un nuevo día.

☐ Mi descanso y relajación son importantes para mí. Siempre me aseguro, no sólo de trabajar en el logro de mi éxito profesional, sino de disfrutar los bellos milagros que la vida me ofrece día tras día.

☐ Utilizo las actividades recreativas para lograr que mis hijos aprendan a verse a sí mismos de la manera más positiva posible. Busco siempre crear armonía y felicidad en mi hogar.

☐ Consciente e inconscientemente, siempre me aseguro de deshacerme de todo estrés maligno en mi vida. Sólo permito que aquellas energías positivas y saludables para mí trabajen dentro de mí.

☐ Nunca permito que el miedo se apodere de mí. Estoy muy ocupado viviendo una vida de logros positivos para permitir que el miedo, el odio, la envidia o cualquier otra emoción negativa encuentren cabida en mi mente.

☐ Siempre me aseguro de prevenir la entrada de cualquier clase de estrés maligno en mi mente y cuerpo. Enfrento mis responsabilidades con seguridad y entusiasmo. De la misma manera, enfrento los problemas y conflictos con decisión y determinación.

☐ Disfruto el ejercicio. Cuando hago ejercicio, siento cómo mi cuerpo adquiere mayor energía, fuerza y salud. Encuentro que la recreación es una de las mejores maneras de proveer mi cuerpo con el esparcimiento y descanso necesarios.

Capítulo VI

El Ser Salud y Estado Físico

♡"*La fuerza curativa natural que se encuentra dentro de cada uno de nosotros es la fuerza más grande que existe para curarse.*" ♡

HIPÓCRATES

♡"*El ayer no es más que un sueño, el mañana no es más que una visión, pero el presente bien vivido hace de cada ayer un sueño de felicidad y de cada mañana una visión de esperanza. Por tanto, prestemos atención a ese día.*"♡

Proverbio

*E*l Ser Salud y Estado Físico es ese pequeño entrenador y fanático de la buena salud que constantemente te recuerda la importancia de mantenerte saludable, de tener una dieta balanceada y de hacer ejercicio con regularidad. Si tus metas personales no incluyen el ejercitar tu cuerpo de manera regular, entonces no podrás decir que tu plan de éxito está completo.

Necesitas cuidar tu salud y sentar metas orientadas a conservar un buen estado físico. Esto incluye dar suficiente descanso a tu cuerpo, consumir una dieta balanceada y hacer ejercicios regularmente para estar siempre en forma. Debes sentar metas en estas áreas. No simplemente resoluciones de fin de año, sino metas que sigas con disciplina y entusiasmo. De nada vale haber alcanzado el éxito en otras áreas si no cuentas con la salud para disfrutarlo.

La salud es mucho más que la simple ausencia de enfermedad. Es el resultado de un equilibrio entre el bienestar físico y el mental. En efecto, una salud óptima es el producto de factores tanto físicos como mentales.

Según el Dr. Deepak Chopra, autor del libro *Cómo Crear Salud,* en esta última década, un gran número de investigaciones han producido resultados que muestran cómo el estrés es una de las mayores causas de enfermedad y hasta de muerte. Chopra define el estrés, como la acumulación de presiones normales y anormales de la vida diaria que ponen a prueba la habilidad del individuo para enfrentarlas.

Por supuesto, esta habilidad para enfrentar las circunstancias que la vida nos presenta depende, en parte, de que poseamos metas claras que guíen nuestra vida y de que adoptemos una actitud mental positiva. Hace algunos meses leía en un periódico que varios doctores habían podido establecer una relación directa entre la claridad de nuestras metas y la ocurrencia de enfermedades como la artritis, el cáncer y varias otras. Entre más clara sea la visión de nuestro futuro y de nuestras metas, menor es la posibilidad de desarrollar muchas de estas enfermedades.

Es innegable que existe una influencia recíproca entre nuestra salud y nuestra actitud mental. Una actitud positiva, un alto grado de motivación y entusiasmo crean las condiciones para el desarrollo de una buena salud, de la buena digestión y del desarrollo normal de los procesos metabólicos del cuerpo.

Por otro lado, las actitudes y sentimientos negativos, como el miedo, el rencor, la agresividad, la depresión o la desorganización, suelen favorecer la aparición de las llamadas enfermedades psicosomáticas. No olvidemos que un problema de carácter psicológico puede ser el causante, o al menos el factor agravante, de problemas orgánicos tales como asma, úlceras gástricas, hipertensión e infartos.

Cuando estés identificando metas que respondan a esta faceta de tu vida, quiero que tengas presente los siguientes tres aspectos que son esenciales para alcanzar y mantener una buena salud:

1. Examinar tu actitud

Tú eres quien eres y te encuentras donde te encuentras, tanto física como mentalmente, como resultado de todos aquellos pensamientos que han encontrado cabida en tu mente. La buena noticia es que si no estás satisfecho con quien eres, si no te encuentras a gusto con tu salud, tanto física como mental, puedes cambiar esa situación, cambiando la clase de información con que alimentas tu mente y cambiando la clase de pensamientos y emociones que albergas en ella.

Una de las maneras de empezar a desarrollar una actitud mental positiva es protegiéndote de los mensajes negativos que llegan a tu mente a través de los sentidos. He leído el secreto del éxito en muchos libros; lo he oído de labios de grandes triunfadores. Este secreto puede ser resumido en estas simples palabras: "Te convertirás en aquello en lo que piensas constantemente".

Los pensamientos que albergas en tu mente influyen en tus decisiones a largo plazo y en tus determinaciones diarias, ya que toda acción está precedida por un pensamiento. ¡Eso es todo! ¡Es así de simple!

Todo lo que llega a tu mente a través de los sentidos, ya sea de manera consciente o inconsciente, queda grabado en ella para siempre. Esto significa que si alimentas tu mente con la información correcta, puedes esperar grandes resultados. He ahí la importancia de controlar la información que llega a tu mente a través de lo que lees, lo que escuchas en la radio o lo que ves en televisión.

¿Por qué una gran mayoría de las personas nunca presta mayor atención al hecho de seleccionar la clase de información que graban en su mente subconsciente? Tal vez aún no hemos logrado comprender el poder que nuestros pensamientos pueden ejercer sobre nuestras acciones. Se ha calculado que un pensamiento no equivale a más que una décima de voltio de electricidad; sin embargo, esta ínfima cantidad de electricidad ejerce gran influencia en nuestras emociones y, por sobre todo, en nuestra salud.

Los pensamientos que albergamos en la mente no sólo afectan nuestro estado de ánimo y nuestras acciones, sino que también provocan respuestas en el organismo. John Roger, autor del libro *Usted no puede darse el lujo de un pensamiento negativo*, utiliza un ejemplo bastante interesante para ilustrar este punto. Quiero pedirte que sigas por un momento este ejercicio, para que así puedas apreciar el poder que un pensamiento puede tener sobre ti.

Quiero que en los siguientes minutos, mientras lees este párrafo, pienses en un limón. Imagínate cortándolo en dos mitades y sacando las semillas con la punta de un cuchillo. Imagínate llevándolo cerca de tu nariz y aspirando el olor de ese limón recién cortado. Ahora, imagínate exprimiendo todo el jugo de ese limón en tu boca y mordiendo su pulpa. Ahora bien, las glándulas salivales de la mayoría de las personas responden inclusive al simple pensamiento acerca de un limón, como probablemente ha ocurrido en este instante contigo. Este simple pensamiento ha ocasionado una respuesta de tu organismo. Lo mismo sucede si tienes hambre y piensas en comida. No tienes que ver la comida ni percibir su olor; es suficiente pensar en ella para provocar una respuesta física.

El Dr. Chopra dice que pensar es practicar química cerebral. El producto de estas reacciones químicas es precisamente la secreción de hormonas desde glándulas como el hipotálamo y la pituitaria. Estas hormonas se encargan de transmitir mensajes a otras partes del cuerpo. Por ejemplo, pensamientos hostiles y de enojo aceleran los latidos del corazón, suben la presión arterial y sonrojan la cara, entre otras reacciones. Los sentimientos de ira, enemistad, resentimiento y tristeza debilitan el sistema inmunológico del cuerpo.

Del mismo modo, pensamientos positivos como el entusiasmo, el amor, la amistad, la paz, la tranquilidad y muchos otros, producen un flujo de neurotransmisores y hormonas en el sistema nervioso central que estimula, provee energía al cuerpo, y crea las circunstancias propicias para el mantenimiento o restauración de una buena salud. Cada uno de nosotros somos, hasta cierto punto, responsables por el nivel de salud del cual estemos disfrutando.

¿Te has dado cuenta cómo aquellas personas que constantemente se quejan por todo, son generalmente las mismas que suelen enfermarse con mayor frecuencia? Martín Seligman, profesor de la Universidad de Pensilvania, asevera que el sistema inmunológico de la persona pesimista y negativa no responde tan bien como el de la persona optimista y positiva. Los pesimistas sufren de más infecciones y enfermedades crónicas. En 1937 la Universidad de Harvard dio comienzo a un estudio con los estudiantes que se graduaron aquel año. Periódicamente estos individuos respondieron preguntas acerca de su estado físico y emocional. Este estudio demostró que aquellas personas que a los veinticinco años de edad ya exhibían una actitud pesimista, habían sufrido, en promedio, un mayor número de enfermedades serias a los cuarenta y cincuenta años.

La buena noticia es que, si lo deseas, puedes cambiar tu actitud y, por ende, el efecto negativo que ésta pueda estar ejerciendo sobre tu salud física. En otro estudio realizado con treinta pacientes que sufrían de cáncer del colon o de tumores malignos, se les pidió que tomaran un curso de ocho semanas para ayudarles a relajarse y a cambiar su actitud. La terapia consistía en visualizar enormes células anticancerosas navegando a través del sistema sanguíneo y devorando las células enfermas o el tumor existente. El propósito era cambiar la actitud derrotista y las creencias negativas que muchos de ellos tenían. Los resultados fueron sorprendentes. Los pacientes que tomaron el curso mostraron un incremento en el número de las células que normalmente protegen el cuerpo contra el crecimiento de tumores malignos.

Esa actitud triunfadora y perseverante que caracteriza a las personas de éxito, no sólo te ayudará a alcanzar tus metas más ambiciosas, sino que en muchas ocasiones puede ser la diferencia entre la vida y la muerte. Un grupo de investigadores del hospital King's College de Londres, realizó un estudio con cincuenta y siete pacientes que sufrían cáncer del seno y quienes habían recibido una mastectomía.

Siete de cada diez mujeres de aquellas que poseían lo que los doctores llamaban un "espíritu de lucha" diez años más tarde aún tenían vidas normales, mientras que cuatro de cada cinco de aquellas personas que en opinión de los doctores "habían perdido la esperanza y se habían resignado a lo peor" poco tiempo después de haber oído su diagnóstico, habían muerto.

Así pues, entre tus metas debe encontrarse examinar cuidadosamente la clase de información con la cual estás alimentando tu mente, y controlar los pensamientos que ocupan tu cerebro, ya que éstos afectan en gran medida tu salud física y mental. Recuerda que el desarrollo de una gran actitud es esencial para el éxito.

2. Mantener una dieta balanceada

Si posees un automóvil es probable que, como sucede con la gran mayoría de la gente, no prestes demasiada atención a la clase de combustible que le ponen a tu auto cada vez que vas a la gasolinera, o al tipo de aceite que el mecánico utiliza al arreglarlo; es más, seguramente no habrás prestado demasiada atención a las credenciales profesionales del mecánico. Es probable que, con el tiempo, te hayas acostumbrado a ciertos ruidos que provienen de alguna parte del auto, los cuales parece imposible localizar y que has ignorado porque, la verdad, no crees que sea nada serio. Después de todo, no puedes pretender que el auto te vaya a durar toda la vida. Por esta razón, en un rincón de tu mente siempre mantienes la idea de que algún día, cuando el automóvil esté demasiado viejo y su mantenimiento sea demasiado costoso, vas a tener que comprar uno nuevo.

Ahora bien si te dijera que el automóvil que hoy conduces va a tener que durarte por el resto de tu vida; que nunca lo podrás reemplazar o cambiar por otro nuevo y que, cuando finalmente deje de funcionar, tendrás que acostumbrarte a caminar o tomar el autobús como único medio de transporte, ¿prestarías más atención a la gasolina y al aceite que le pones?, ¿serías más riguroso con el mantenimiento de tu vehículo?, ¿escogerías mejor el mecánico que va a cuidar de él? Creo que la respuesta a estas tres preguntas es un rotundo ¡sí! Es más, si tu automóvil es una parte muy importante del estilo de vida que ahora llevas, no me cabe la menor duda que hasta tomarías algunos cursos de mecánica para ejercer así un mejor control sobre él. Después de todo, va a tener que durarte toda una vida.

Ahora déjame decirte algo acerca de tu cuerpo, algo que quizás ya sepas, pero que es posible que hayas olvidado. El cuerpo que ahora tienes es el único con que cuentas. Si dejas que se deteriore, si no cuidas de él, no podrás reemplazarlo más adelante por uno nuevo. Si esto es así, ¿no te parece que deberías controlar mejor todo lo que pones en él? Después de todo, tu organismo no es más que el resultado de todo lo que has puesto en él. Tu salud, tu nivel energético, tu capacidad para defenderte de infecciones y enfermedades, y tu longevidad, son todas afectadas en mayor o menor grado por la clase de alimentos que consumas y la dieta que lleves.

Un gran número de enfermedades están directamente relacionadas con la dieta y los hábitos alimentarios. Se calcula, por ejemplo que 90% de los casos de cáncer gastrointestinal se encuentran directamente relacionados con la nutrición.

La presión arterial alta, los altos niveles de colesterol en la sangre y los problemas cardíacos, entre otros, también son resultado directo de malos hábitos alimentarios.

Por fortuna, la mayoría de nosotros podemos controlar lo que comemos. Sin embargo, no permitas que tus metas a este respecto se queden en simples generalidades. Asegúrate que tu deseo de una buena salud se traduzca en objetivos específicos y claramente definidos. He aquí algunos de estos objetivos:

- Reconoce la importancia de una dieta balanceada, y presta atención a lo que comes. No seas esclavo de tu estado de ánimo, y procura, en lo posible, no sentarte a comer si estás enfadado, o tienes prisa. En tales circunstancias existe la tendencia a no masticar bien los alimentos, lo cual disminuye la capacidad del cuerpo para digerirlos de manera apropiada.

- Asegúrate de que tu dieta sea rica en fibra. La fibra proviene de los cereales, las verduras y las frutas frescas. Ellas son, además, una importante fuente de vitaminas y minerales necesarios para el organismo.

- Disminuye la cantidad de grasas saturadas que consumes. Estas generalmente se encuentran en cualquier dieta que contenga exceso de carnes y productos lácteos enteros. Estas grasas adicionan un excedente de calorías y aumentan el riesgo de desarrollar enfermedades cardíacas. De igual manera, varias investigaciones han demostrado que el ingerir demasiados alimentos ricos en colesterol (carne roja, huevos) contribuye al endurecimiento de las arterias. Cuando las arterias se bloquean como resultado de depósitos endurecidos de colesterol se disminuye o se priva al corazón del flujo de oxígeno que requiere para funcionar normalmente.

• Procura consumir poca azúcar, ya que ésta libera insulina y aumenta el apetito, alimentando así el mal hábito de comer sin control. Se ha comprobado también que disminuir el consumo de sal es un medio eficaz para bajar la presión arterial. Cuando fijes metas en esta área, ten presente los cuatro puntos que acabo de mencionar.

Ahora bien, es probable que una de tus metas sea alcanzar tu peso óptimo. Digamos que tu meta es perder cuarenta libras de peso. Son muchas las personas que han empezado una dieta y han fracasado sólo un par de semanas más tarde. ¿Qué hacer para evitar que te suceda lo mismo? El primer paso es empezar con una visita al médico; lo que puede ser una dieta ideal para una persona puede no serlo para otra; la edad, el peso y el estado físico son fundamentales para determinar cuál es la dieta que más te conviene. El segundo paso es entender que si vas a perder peso empezando una nueva dieta, muy pronto vas a sentir hambre. Y puedes llamarlo como quieras, pero la única verdad es que sólo hay una cosa que va a permitir que pierdas peso y no lo vuelvas a ganar, y es lo contrario de aquello que causó que ganaras todas esas libras de más en primera instancia.

Piénsalo un momento. Ganaste todo ese peso porque tenías un mal hábito, comías demasiado. Sólo perderás el peso cuando adquieras un buen hábito (comer con moderación y sanamente). La razón por la cual utilizo este ejemplo no es porque esté interesado en que pierdas peso, a menos que ése sea uno de tus propósitos. Lo uso porque este ejemplo ilustra claramente los pasos necesarios para establecer una meta; y tu primer paso debe ser entender que para poder alcanzarla, esa meta debe ser tuya.

Muchas personas fracasan simplemente porque están tratando de alcanzar objetivos impuestos por otras personas. Si crees que necesitas perder peso, asegúrate que ésta es verdaderamente una de tus metas, y no simplemente el resultado de presiones externas, particularmente comerciales. Son muchas las historias de personas que sucumbieron a presiones externas y empezaron dietas demasiado drásticas o innecesarias que, a la postre, produjeron problemas gastrointestinales o enfermedades crónicas como la anorexia.

Hace algunos meses oí un comercial en la radio que me causó bastante preocupación. El comercial, que promocionaba una clínica de cirugía plástica, decía: "La belleza no es un lujo, sino una necesidad". Muchas personas al captar este mensaje permiten que un estereotipo impuesto al azar, por fuentes externas y con motivos quizás meramente comerciales, se convierta en una meta personal. La cirugía plástica puede tener un papel muy importante en la autoestima de ciertas personas. Sin embargo, no debe convertirse en un recurso para solucionar problemas meramente psicológicos que pueden no necesitar medidas tan drásticas.

Hay individuos que no logran triunfar porque están persiguiendo ciertos objetivos sólo para complacer los deseos de otras personas, y no sus propias expectativas. Es crucial que entiendas que las metas y los sueños que estás persiguiendo deben ser realmente tuyos, porque tú no puedes alcanzar los sueños de otros. Debes querer verdaderamente perder ese peso si ésta es tu meta.

El segundo punto acerca de esta meta es que debe ser lo suficientemente específica. No basta decir, como muchas veces lo hacemos en nuestras promesas de año nuevo: "¡Voy a perder unas cuantas libras!", debes ser preciso, si son cuarenta libras, entonces debes decir: "Perderé cuarenta libras de peso". Asigna una fecha concreta para el logro de esa meta. Recuerda que metas borrosas dan resultados borrosos.

El tercer punto acerca de esta meta es que es suficientemente grande y seguramente exigirá de ti un esfuerzo fuera de lo común; porque cuarenta libras es bastante. Pon atención; este punto es de extrema importancia: Para que una meta sea efectiva debe causar un *efecto apreciable.* El perder cuarenta libras es fácilmente apreciable. Si dices que vas a perder tres libras, eso no exige ningún esfuerzo de tu parte. Es posible que ni siquiera lo notes. Son las metas grandes las que sacan a relucir el enorme potencial que reside dentro de cada uno de nosotros.

Una vez que hayas dado los pasos que acabo de mencionar, elimina toda excusa y no descanses hasta alcanzar tu meta. Comienza hoy, no lo dejes para mañana. Recuerda que el viaje más largo del mundo comienza con un primer paso. Tú no ganaste cuarenta libras en un día o una semana; fue de bocado en bocado. De igual manera, debes entender que lo único que podrá ayudarte a perder esas libras de más es cambiar tu comportamiento y tu percepción de la comida. Como lo anota el Dr. Chopra, comer indiscriminadamente, comer apuradamente, comer demasiado o quedarse sin comer todo un día, son violaciones de las leyes de la naturaleza y de los procesos biológicos los cuales deben ocurrir normalmente para poder así proporcionar al organismo todos los nutrientes que necesita, en las proporciones en que los requiera.

3. Ejercitar nuestro cuerpo

El ejercicio no es un lujo ni una simple distracción. Es una de las más importantes inversiones en tu salud y la clave para lograr un buen estado físico. Este ejercicio debe incluir tonalidad muscular, resistencia física y acondicionamiento cardiovascular. Ejercitarte regularmente te ayudará a disminuir de manera significativa los efectos de las enfermedades o condiciones anormales mencionadas párrafos arriba. El cuerpo que has recibido, ya sea que gustes de él o no, te fue dado de por vida y, por tal motivo, se encuentra bajo tu completa responsabilidad. Por desgracia, muchas personas no llegan a apreciar el bienestar físico del cual gozan hasta tanto no lo han perdido. Comienza a cuidar desde ahora de tu estado físico y pronto te darás cuenta de los beneficios que ello puede traer en otras áreas de tu vida.

Diferentes investigaciones han logrado establecer que una combinación de ejercicios aeróbicos, mayor actividad física y una dieta balanceada ayudan a bajar la presión arterial, a reducir las grasas acumuladas en el cuerpo y el nivel de colesterol en la sangre, a quemar calorías y, por supuesto, a disminuir las posibilidades de problemas cardiovasculares. Esto, sin mencionar que el ejercicio te proveerá de mayor energía y te ayudará a reducir el estrés notablemente.

Al igual que con las dietas, el primer paso para seleccionar el plan que te permita mejorar tu estado físico debe ser descubrir las razones por las cuales esto es importante para ti; y aunque algunas de ellas sean evidentes, asegúrate de escribirlas. El siguiente paso, el cual es de enorme importancia para aquellas personas que no han hecho ejercicio en mucho tiempo, es empezar con una visita al médico. El mejor programa para ti depende de tu estado de salud, tu condición física, el nivel de actividad diaria, y tu edad.

Se ha comprobado que los ejercicios aeróbicos son un componente esencial para mejorar la salud, el estado físico y ayudar a controlar el peso corporal de las personas. El ejercicio aeróbico trae como resultado un mejoramiento en las funciones de los sistemas respiratorio y cardiovascular. No obstante, hacer ejercicios demanda tiempo y un gran compromiso de tu parte; por esta razón es esencial que escojas un programa que responda tanto a tus necesidades físicas como mentales y de esparcimiento. Una vez tomes la decisión de empezar con un programa de ejercicios, puedes escoger entre hacerlo en un club, como parte de un grupo y con la dirección de un profesional, o en tu hogar con la ayuda de un manual o un video. Escoge un plan de ejercicios que te motive personalmente. Mientras mi esposa prefiere ejercitarse siguiendo la guía de un instructor en el video, yo prefiero nadar y montar en bicicleta.

Ahora bien, la falta de ejercicio no es lo único que va en detrimento de nuestra salud. La poca actividad física, característica de la vida sedentaria, es también la causante o factor agravante de un gran número de las enfermedades mencionadas a lo largo de este capítulo. Por esta razón, modificar nuestro estilo de vida, de manera que incluya mayor actividad física, debe ser una de nuestras prioridades más inmediatas.

Podemos empezar por hacer pequeñas modificaciones a nuestro estilo de vida. Mi oficina en la universidad se encuentra localizada en el cuarto piso del edificio de ciencias; no obstante, rara vez uso el ascensor. Durante los meses de primavera y verano mi esposa y yo solemos dar largas caminatas por nuestro vecindario. He podido encontrar que si conscientemente tomamos la decisión de caminar, en lugar de utilizar cualquier otro medio de transporte cuando sea posible, con el tiempo podremos desarrollar un mayor nivel de energía. Caminar es excelente para tu salud, tiene un efecto positivo en tu sistema cardiovascular y, probablemente, es el mejor ejercicio para aquellas personas que han estado inactivas por muchos años.

El caminar no puede sustituir a un plan de ejercicios. La caminata, el ciclismo, la natación, el tenis, o cualquier otro deporte que desees practicar deben ser complementos de tu programa personal de ejercicio. Todas estas actividades redundarán no sólo en un mejor estado físico, sino en una mejor salud mental. Ello se traducirá, a la postre, en un mejor estilo de vida, una mayor productividad y una mejor autoestima. No olvides que el sentar metas orientadas a restaurar y mantener una buena salud y un buen estado físico tendrá un impacto directo sobre tu plan de éxito.

¿Dónde te encuentras hoy en cuanto a tu salud se refiere?

La autoevaluación que encontrarás a continuación no pretende ser un sustituto para una visita al médico. Esta sólo busca concientizarte acerca de la necesidad de prestar atención a diferentes factores que puedan estar afectando tu salud.

Si no has visitado al médico para un chequeo general durante el último año, ésta debe ser una de tus metas A1 al momento de desarrollar tu lista maestra de metas a corto plazo.

Las siguientes preguntas buscan encontrar diferentes factores de riesgo que, de una u otra manera, puedan hacerte más propenso al desarrollo de diferentes condiciones o enfermedades. Estos factores de riesgo pueden ser heredados o pueden ser el resultado de tu estilo de vida. Obviamente, existen otros factores que también pueden incidir en tu salud, de la misma manera que determinado factor de riesgo puede incidir en mayor o menor nivel dependiendo de la persona. Utiliza esta información para determinar qué hábitos debes cambiar en tu estilo de vida para gozar de una mejor salud.

Primera parte. Tu familia y tu historial médico

Marca cada uno de los factores que se apliquen a tu caso en particular.

1. Uno o más de mis abuelos padece o padeció de:

Puntos

☐ Presión arterial alta   (1)

☐ Diabetes   (1)

☐ Derrame cerebral   (1)

☐ Afecciones cardíacas o arteriosclerosis   (1)

☐ Cáncer   (1)

☐ Dificultad en controlar su peso   (1)

2. Uno o mis dos padres padecen o padecieron de:

☐ Presión arterial alta   (2)

☐ Diabetes   (2)

☐ Derrame cerebral   (2)

☐ Afecciones cardíacas o arteriosclerosis   (2)

☐ Cáncer   (2)

☐ Dificultad en controlar su peso   (2)

☐ Altos niveles de grasa y colesterol en la sangre   (2)

3. Yo padezco o he padecido de:

☐ Presión arterial alta   (4)

☐ Diabetes   (4)

☐ Derrame cerebral   (4)

☐ Afecciones cardíacas o arteriosclerosis   (4)

☐ Cáncer   (4)

☐ Dificultad en controlar el peso   (4)

☐ Altos niveles de grasa y colesterol en la sangre   (4)

4. Marca la próxima casilla, sólo si se aplica a tu caso:

☐ Regularmente tomo pastillas anticonceptivas
   o medicamento de tipo hormonal   (2)

5. Marca la categoría que se aplique en tu caso:

☐ Tengo menos de 35 años de edad   (0)

☐ Tengo entre 35 y 49 años de edad   (1)

☐ Tengo entre 50 y 64 años de edad   (2)

☐ Tengo más de 65 años de edad   (3)

Puntaje referente a la familia e historial médico: _____

Segunda parte. Tu perfil nutricional

Marca cualquiera de los puntos que se apliquen a ti:

Puntos

☐ Durante el día comúnmente consumo alimentos
   entre las comidas   (1)

☐ Suelo comer golosinas en la noche   (1)

☐ Suelo comer dulces, mentas, gomas de mascar   (1)

☐ Entre comidas suelo tomar café con leche y azúcar
   o sacarina   (2)

☐ Entre comidas suelo tomar bebidas gaseosas
   endulzadas o dietéticas   (2)

☐ Por lo menos una comida diaria suele durar
   más de una hora   (1)

☐ Cuando siento hambre prefiero comer algo ligero
   como papas fritas, galletas o dulces   (4)

☐ Ingiero comidas con alto contenido de grasa
   casi todos los días   (4)

☐ Usualmente incluyo uno de los siguientes alimentos
   en cada comida: pan, pasta, harina, frutas o dulces (2)

☐ En ocasiones suelo comer a pesar de no tener
   demasiada hambre   (2)

Puntaje referente al perfil nutricional: _____

Tercera parte. Tu nivel de actividad diaria

Puntos

Marca la frase que mejor te describe en general:

☐ Soy una persona muy activa   (0)

☐ Soy una persona moderadamente activa   (2)

☐ Soy inactivo   (4)

Puntaje referente a la actividad diaria: _____

Cuarta parte. Tu nivel de estrés

En cada uno de los siguientes grupos sólo marca la oración
que mejor describe tu situación personal:

Puntos

Experimento gran cantidad de estrés

☐ Rara vez o muy pocas veces   (0)

☐ En mi trabajo pero no en mi hogar   (2)

☐ En mi hogar pero no en mi trabajo   (3)

☐ En mi trabajo y en mi hogar   (5)

Fumo

☐ No   (0)

☐ Menos de un paquete diario   (2)

☐ Entre uno y dos paquetes al día   (4)

☐ Más de dos paquetes diarios   (8)

☐ Fumo cigarros o pipa   (2)

Bebo cerveza, vino u otros licores

☐ Muy rara vez   (0)

☐ En pocas ocasiones pero hasta la ebriedad   (1)

☐ Una o dos veces por semana   (1)

☐ Una vez al día   (2)

☐ Dos o más veces al día   (4)

Puntaje referente al nivel de estrés: _____

Calcula el puntaje por separado para cada sección. Posteriormente, coloca los puntajes correspondientes a cada sección en la siguiente tabla y suma todos los puntajes parciales para obtener tu puntaje total.

Puntaje

Primera Parte.   Familia e historial médico: ___ (0-53)

Segunda Parte.   Perfil nutricional: ___ (0-20)

Tercera Parte.   Nivel de actividad diaria: ___ (0-4)

Cuarta Parte.   Nivel de estrés: ___ (0-23)

Todos los factores citados en la evaluación anterior inciden en mayor o menor medida en las probabilidades de desarrollar enfermedades. Son, por llamarlos de alguna manera, factores de riesgo. Un factor de riesgo es una condición cuya existencia generalmente puede ser utilizada para predecir la ocurrencia de otra condición, enfermedad o malestar. En ocasiones el factor de riesgo puede ser la causa misma de la enfermedad.

El saber cuáles son estos factores de riesgo y cuáles son las enfermedades conectadas a ellos nos permite actuar proactivamente en la prevención de dichas enfermedades.

Por ejemplo, se ha encontrado que el fumar (factor de riesgo) está conectado con la ocurrencia de enfermedades cardíacas. El estrés ha sido asociado con ciertos tipos de cáncer. El consumo de altos niveles de alcohol ocasiona severas enfermedades como la cirrosis, que destruye el hígado.

Entonces entendiendo estos factores de riesgo podemos tomar decisiones acerca de nuestra salud. Ahora bien, es cierto que algunos de estos factores de riesgo son de carácter hereditario, mientras otros son el resultado de nuestros hábitos y estilo de vida. Por tal razón el saberlo nos permite minimizar los riesgos asociados con dichas condiciones. De otro lado el ignorarlos puede traer consecuencias graves.

Si tu historial médico muestra que tus abuelos y tus padres han padecido de enfermedades cardiovasculares o de diabetes por ejemplo, tú puedes incorporar en tu estilo de vida actividades que te permitan minimizar el impacto que estos factores de riesgo puedan tener en tu salud personal. Sin embargo, si ignoras el historial médico de tus padres y abuelos, y fuera de ello desarrollas otros factores de riesgo que pueden agravar dichas condiciones, estás creando una fórmula certera para el desastre.

Carlos Andrade sufre del mismo tipo de diabetes que a los cincuenta años dejó a su padre relegado a una silla de ruedas y con la pérdida casi total de su visión. Su padre ignoró todos los síntomas y tomó pocas precauciones para controlar dicha condición hasta que en el transcurso de tan sólo unos meses pasó de vivir una vida normal a quedar totalmente inmovilizado. Carlos ha tomado una visión distinta de su condición. El controla lo que come, toma su medicina constantemente, tiene un plan de ejercicios que lo mantiene en un gran estado físico, y como resultado de ello vive una vida normal y las perspectivas para el futuro son excelentes.

Así que el mayor objetivo de este capítulo es que te concientices de la importancia de preocuparte por tu salud y estado físico. Un buen primer paso es desarrollando la autoevaluación y visitando a tu médico.

- **Puntajes totales menores a 11 puntos no permiten concluir que un factor de riesgo exista.**

- **Puntajes entre los 12 y los 18 puntos indican que existe un pequeño, pero significativo, riesgo que te sitúa en un nivel más vulnerable frente a la adquisición de distintas enfermedades.**

- **Puntajes entre los 19 y los 36 puntos indican que se conjugan en ti suficientes factores de riesgo como para examinar con cuidado tu estilo de vida y eliminar condiciones y hábitos que puedan resultar en el desarrollo de enfermedades mayores.**

- **Puntajes mayores a los 37 puntos son una clara indicación de que pueden existir altos niveles de riesgo para desarrollar diversas condiciones o enfermedades, como resultado de tendencias hereditarias, o como consecuencia de tu estilo de vida.**

Plan de Acción

1. ¿Visito regularmente al médico para asegurarme que todo anda bien con mi salud? Si la respuesta es NO, escribe a continuación el nombre del médico y la fecha de tu próxima visita:

_____

_____

2. ¿Gozo de la salud que desearía poseer? Si la respuesta es NO, enumera cinco actividades específicas que te impiden disfrutar de una salud óptima:

a) _____

b) _____

c) _____

d) _____

e) _____

¿Cómo piensas cambiar esta situación? ¡Sé específico!

a) _____

b) _____

c) _____

d) _____

e) _____

3. ¿Presto la suficiente atención a la clase de alimentos que consumo?

4. ¿He desarrollado un programa de ejercicio físico y lo sigo con regularidad?

5. ¿Qué actividades puedo realizar durante cada día, que me ayuden a mantener un alto nivel de actividad física?

a) _____

b) _____

c) _____

d) _____

e) _____

6. ¿Me encuentro satisfecho con el nivel de energía que poseo, o suelo estar cansado la mayor parte del tiempo? ¿Qué puedo hacer para cambiar esta situación?

7. ¿Mantengo una dieta balanceada en mi vida cuidando de proveer mi cuerpo con todo lo necesario para su funcionamiento óptimo?

Mis diez metas de salud y estado
físico más importantes   Fecha

1. _____

   _____   _____

2. _____

   _____   _____

3. _____

   _____

4. _____

   _____   _____

5. _____

   _____   _____

6. _____

   _____

7. _____

   _____   _____

8. _____

   _____   _____

9. _____

   _____

10. _____

    _____   _____

Afirmaciones de Exito

☐ Siempre me aseguro de poseer metas que me ayuden a mantener un estado físico óptimo. Las escribo, las leo y las vivo día a día, y poseo un plan de nutrición y descanso específico. La salud física es importante para mí.

☐ Amo el estar en óptima condición física. Todos los días, consciente e inconscientemente cuido de mi cuerpo y busco mantener el balance físico que mantenga este estado de salud óptima. Me gusta el cuerpo que he creado para mí; es parte de quien soy, y amo quien soy. Sé que soy capaz de vivir el máximo de mi potencial en toda área de mi vida.

☐ Como y bebo aquello que es beneficioso para mi salud física y mental, pero no más de lo que debiera y nunca me comporto de una manera que pueda afectar negativamente mi salud. Jamás como más de lo debido. Sé la cantidad de comida correcta para cada ocasión, y por eso me es fácil controlar qué como, cuánto y cuándo.

☐ Ejercito mi cuerpo cada día y disfruto haciéndolo. Espero con anticipación el estado de total bienestar y fuerza que el hacer ejercicio me brinda. Amo los efectos positivos que el ejercicio crea en mi vida.

Cuando ejercito, me siento mejor acerca de mí mismo, acerca de quien soy, y acerca de mi compromiso para con una salud total.

☐ Poseo en este momento mi peso ideal. Y debido a que mantengo un balance entre mi dieta alimenticia y mi ejercicio, el mantener mi peso ideal es relativamente fácil. ¡Luzco bien y me siento bien! El lucir bien y el sentirme bien son el resultado directo de mantenerme activo y saludable. He elegido ser saludable y energético.

☐ Me siento muy orgulloso de no ser un fumador. Mis pulmones son fuertes y saludables, por tal razón respiro con gran facilidad. No soy víctima de ningún hábito que domine o influya de manera negativa en mi vida. Me encuentro en control de mi vida y mis acciones. He decidido vivir una vida libre de malos hábitos.

☐ Comúnmente programo mi mente con instrucciones positivas para mantener un estado físico y mental óptimo. He aprendido a verme a mí mismo saludable, en perfecto estado físico y por sobre todo muy feliz. Esto me permite mantener un alto nivel energético y mantener gran entusiasmo por todo lo que hago.

Capítulo VII

El Ser Financiero
· ·

"La persona sabia guarda para el futuro, mas la insensata todo lo disipa."

Proverbios, 21:20

"Puesto que viviré el resto de mi vida en el futuro, deseo estar lo más seguro posible acerca de la clase de futuro en el cual viviré. Esa es la razón por la cual planeo mis finanzas."

CHARLES KETTERING *(industrial)*

"El objetivo del empleado es trabajar lo suficiente para evitar ser despedido, y el objetivo de la empresa es pagar lo suficiente para que los empleados no renuncien."

Sarcasmo anónimo

El Ser Financiero

La persona promedio gasta 150% de sus entradas. Para quienes, al igual que yo, no pueden entender cómo esto puede ser matemáticamente posible, permítanme compartir con ustedes el secreto: ¡Plástico! el dinero del siglo XXI.

- El mayor miedo entre las personas, en estos últimos años del siglo XX, ya no es la inminencia de una guerra nuclear, ni las epidemias, ni el deterioro de la capa de ozono, ni nada por el estilo. La mayor causa de temor es el resultado de la ansiedad acerca de cómo pagar las deudas.

- Hoy por hoy, la persona promedio ahorra menos del 5% de lo que gana. Muy pocas de ellas piensan en su retiro, antes de los cincuenta años, y sólo un pequeño porcentaje ha invertido o ahorrado con miras a sus años dorados.

- En 1996 casi un millón de norteamericanos se declararon en quiebra. Curiosamente ese mismo año se calculó en casi tres millones el número de millonarios existentes en este país, lo que prueba que el éxito o el fracaso financiero no es el resultado de circunstancias generales sino de decisiones individuales.

Tu Ser Financiero es el tesorero, el contador y planificador financiero del grupo, siempre está cuidando de tu situación financiera. El es quien constantemente te recuerda la importancia de desarrollar un presupuesto y planear tus finanzas, o diferir ciertas compras o gratificaciones en las cuales puedes estar pensando.

En lo que respecta a la situación financiera, todos no hemos sido creados iguales. Muchas personas nacen en medio de la pobreza, algunos pocos han nacido en familias poseedoras de inmensas fortunas, mientras que la inmensa mayoría de las personas nacen en algún punto intermedio entre estos dos polos. Sin embargo hay dos cosas comunes a todas estas personas: Primero, ninguno de ellos tuvo la oportunidad de escoger las circunstancias de su nacimiento. Ninguna de estas personas tuvo la oportunidad de escoger ser pobre, rico o promedio, y segundo, todos ellos pueden escoger si desean vivir una vida de pobreza, de riqueza, o simplemente vivir una vida promedio. En otras palabras, está en nuestras manos el escoger la clase de vida que deseamos vivir.

Alguna vez en un seminario sobre finanzas, el expositor comenzó de esta manera: "En cuanto a la salud financiera de cada uno de ustedes, les traigo hoy buenas y malas noticias. La buena noticia es que nuestro futuro financiero está en nuestras manos. La mala noticia es que nuestro futuro financiero está en nuestras manos". Nuestro futuro financiero depende enteramente de nosotros. El mundo ofrece las mismas oportunidades a todas las personas, pero no obliga a nadie a aprovecharlas.

Si tú eres una de las personas que piensan que no todos tenemos acceso a las mismas oportunidades, examina otra vez las cifras que te presenté anteriormente. En Estados Unidos, este año hay aproximadamente tres millones de personas cuya fortuna sobrepasa el millón de dólares. Se calcula que un nuevo millonario se crea cada 4.5 minutos. No obstante, en este mismo país, con las mismas leyes y las mismas oportunidades en 1994 más de un millón de personas se declararon en bancarrota financiera.

Entonces, el primer paso, por difícil que pueda parecer, es aceptar que, financieramente, en este momento nos encontramos exactamente donde queremos encontrarnos y hemos planeado encontrarnos. No tenemos a nadie más a quién culpar que a nosotros mismos; ya que ha sido nuestra decisión.

El segundo paso es determinar exactamente dónde nos encontramos financieramente hablando. En otras palabras, cuál es nuestro patrimonio personal.

Tu patrimonio personal no es más que el resultado de sustraer tus deudas de tus bienes.

Patrimonio personal = Bienes — Deudas

Bienes son todas aquellas posesiones que tienen valor en efectivo, o que pueden ser convertidas a su equivalente en efectivo. Generalmente incluyen dinero, ahorros en cuentas bancarias, dinero invertido, pensiones, negocios, bienes raíces, bienes inmobiliarios, automóviles y otras propiedades.

Las deudas incluyen los préstamos por pagar, el balance en tus tarjetas de crédito, hipotecas y cualquier otro tipo de deudas o dinero que debas pagar.

Cálculo de tu patrimonio personal

BIENES	
Bien o Propiedad	*Valor $*
Cuentas bancarias	
1._____	_____
2._____	_____
3._____	_____
4._____	_____
5._____	_____
Total	_____
Intereses de inversiones.....................	_____
Dividendos	_____
Capital..	_____
Bienes raíces (propiedades de inversión)	_____
Cuentas por cobrar (préstamos)........	_____
Muebles y enseres (otras posesiones)	_____
Pensiones	_____
Total	_____

DEUDAS

Deudas	Valor $
Deudas personales	
1._____	_____
2._____	_____
3._____	_____
Préstamos bancarios	
1._____	_____
2._____	_____
3._____	_____
Balance en las tarjetas de crédito	
1._____	_____
2._____	_____
3._____	_____
Otras deudas _____	
1._____	
2._____	
Total _____	

PATRIMONIO

Bienes – Deudas	Valor $
Total de bienes	_____
(menos)	
Total de deudas	_____
Patrimonio personal	_____

- Si tu patrimonio es menos de la mitad de tu salario anual o inclusive negativo, es importante que prestes gran atención al resto de este capítulo; es vital que desarrolles un presupuesto de gastos y adoptes los otros hábitos de éxito mencionados aquí.

- Si tu patrimonio es más de la mitad de tu salario anual pero menor a tres o cuatro veces tu salario anual, sería conveniente hablar con un planificador financiero que te ayude a desarrollar una mejor estrategia de ahorro e inversión.

- Si tu patrimonio sobrepasa los cuatro o cinco años de salario anual vas en camino de alcanzar la libertad financiera.

Bien, ahora que sabes cuál es tu situación financiera actual, el siguiente paso es determinar cómo llegar de ahí a donde deseas ir.

Es fácil comprender cómo el no saber administrar nuestro dinero nos puede conducir a la ruina económica, o, sin ir tan lejos, nos puede impedir alcanzar la libertad financiera. La mala administración del dinero es la causa principal de muchos de los problemas que enfrentamos a diario.

Existe un estado de lucha constante entre tú y todos aquellos que quieren poner sus manos en el dinero que tan duramente has podido conseguir, y en esta batalla eres vencedor o vencido. Todas las decisiones financieras que tomes, te acercan o te alejan de tus metas. Por desgracia, debido a la falta de información y elaboración de un plan, muchas de las decisiones financieras que tomamos a diario suelen ser errores monumentales.

Las personas de éxito han aprendido que, para triunfar financieramente, es necesario mantener en mente tres principios fundamentales: Primero, entender que tu éxito financiero exige planificación a largo plazo; segundo, la necesidad de elaborar un presupuesto que se ajuste a tus circunstancias; y, finalmente, entender que muchas veces es necesario posponer ciertos gastos. Después de todo, no siempre hay razón para obtener todo lo que deseas de una vez, sino que, por el contrario, es prudente y sabio esperar el momento apropiado. Examinemos estos tres aspectos más a fondo para determinar la mejor manera de hacerlos parte integral de nuestro plan de acción.

1. Planeación financiera a largo plazo

La planificación a largo plazo es el primer paso para comenzar a construir tu fortuna. Este plan debe incluir no sólo la elaboración de un presupuesto, sino también el desarrollo de un plan de ahorro e inversión, la adquisición de las diferentes pólizas de seguros que puedas necesitar y el análisis y planificación de tus finanzas. Este último punto es de vital importancia al tomar decisiones en áreas como la educación de tus hijos o la compra de tu casa. Asimismo, cuando tienes que enfrentar imprevistos como enfermedades u otro tipo de problemas.

Los expertos en planificación financiera sugieren a sus clientes que determinen dónde quieren encontrarse financieramente en 15 ó 20 años. Sólo si haces esto podrás considerar cuáles son los pasos que necesitas tomar hoy para alcanzar tus metas financieras a largo plazo. Aunque son muy pocas las personas que se toman el tiempo para planear a largo plazo, es gratificante ver cómo aquéllos que sí lo hacen, logran el éxito.

Cuando conocí a Rakesh Patel inmediatamente pude entender por qué era un triunfador. Rakesh emigró a Estados Unidos proveniente de una pequeña población en el norte de India. La suya es una de las muchas historias de éxito de los millones de inmigrantes que cada año buscan una nueva vida. En los siguientes párrafos Rakesh nos relata a qué atribuye su éxito personal. Cuando fui a su negocio a entrevistarlo por primera vez encontré a un hombre pequeño, con una sonrisa amplia y un entusiasmo contagioso; hablaba rápidamente y cada comentario venía seguido de una historia. Después de casi una hora de hablar de mil ideas, Rakesh me habló de sí mismo:

Cuando tomé la decisión de dejar mi país y aventurarme en busca de un mejor futuro para mi esposa y mis hijos, nunca pensé que años más tarde fuera a encontrarme en Estados Unidos, y que hubiera alcanzado el éxito que he podido lograr. Por supuesto que no siempre fue así; los primeros ocho años fueron de gran sacrificio, ahorrando cuanto centavo podíamos economizar, y trabajando arduamente. Claro que también nos divertíamos, paseábamos casi todos los fines de semana y estábamos muy comprometidos en los asuntos del templo y la comunidad.

Cuando llegamos a este país, hace más de diez años, un día me senté junto a mi esposa y mis hijos y les aclaré que para poder triunfar necesitábamos realizar un trabajo conjunto. Mi intención era que ellos no solamente conocieran nuestros planes, sino que supieran también cuál sería la recompensa. Naturalmente que mis metas eran a largo plazo: queríamos tener un negocio, casa propia y obtener un buen estilo de vida. Esas son cosas que no se logran de la noche a la mañana. Si todos los miembros de mi familia no hubiesen sabido exactamente qué era lo que pretendíamos alcanzar, les hubiera sido imposible entender el porqué de un presupuesto tan apretado, y no habrían podido comprender por qué mientras los otros niños en el colegio siempre estaban a la última moda, ellos tenían que cuidar muy bien su ropa para que durara más de una temporada.

Durante esos primeros ocho años, siempre llevé mi almuerzo al trabajo. El día de cobro, el cheque se iba al banco inmediatamente. Mis hermanos me criticaban porque aunque ellos también eran buenos ahorradores, cada uno o dos años viajaban a India dos o tres semanas en plan de vacaciones. Al regresar, su única preocupación era ponerse a ahorrar de nuevo para el próximo viaje. Mientras tanto yo me mantenía firme en mi propósito y mis metas. El día que me retiré de mi trabajo para abrir la tienda que ahora tengo en Brooklyn, mis hermanos por fin se dieron cuenta de la importancia de tener un plan de acción y un presupuesto.

Hoy, casi doce años después de haber llegado a este país con mi esposa, seiscientos dólares en el bolsillo, y tres hijos, tengo mi negocio propio, en donde, sin excepción, todos me ayudan. Tenemos una hermosa casa y todos mis hijos han podido ir a la universidad. Hace seis meses compramos una casa en India, donde mis padres viven y donde vamos a pasar vacaciones de vez en cuando.

Según Rakesh, el mayor problema radica en que muchas personas no planean para lo futuro, no ahorran y no esperan por nada; todo lo quieren de inmediato, y por eso nunca llegan a disfrutar ni a vivir en grande.

Determina cuáles son tus metas financieras a largo plazo. Una vez hayas hecho esto, determina aquellos objetivos a corto plazo que te permitan alcanzar tus metas a largo plazo. El siguiente paso es mucho más que la consecuencia lógica del anterior. El desarrollar un presupuesto es también una muestra de tu compromiso para con las metas financieras anteriormente establecidas. Este plan de gastos debe separar los gastos fijos como el pago mensual de tu arrendamiento de los gastos variables como ropa y recreación. También separa cierta cantidad de tus entradas para gastos menores. Recuerda que una parte de un buen plan de ahorro incluye pagarte a ti mismo primero que a nadie. Esto significa ahorrar mensualmente cierta cantidad de dinero, inclusive si es una cantidad pequeña. Es conveniente, en este sentido, contar con una reserva, una cantidad de dinero correspondiente a entre tres a seis meses de salario para usar en caso de emergencia. Esto sólo podrás lograrlo si ahorras por lo menos un 10% de tu salario mensualmente.

Puesto que para la gran mayoría de nosotros, nuestra situación financiera está íntimamente ligada a nuestra situación laboral, tus metas también deben incluir un plan para mejorar tu situación laboral, ya sea buscando escalar posiciones dentro de la organización donde ahora trabajas, un mejor trabajo o iniciando tu propio negocio. Cualquiera que sea tu decisión, mantén siempre una actitud de búsqueda de mejores oportunidades.

¿Cuáles son tus metas financieras a largo plazo?	Fecha
1. _____	_____
2. _____	_____
3. _____	_____
4. _____	_____
5 _____	_____

2. Establecimiento de tu presupuesto personal

Entre tus metas debe estar la de establecer un presupuesto. La persona sabia ahorra para lo futuro; toma control de su situación financiera teniendo en cuenta todos los aspectos de su vida. Desarrollar un presupuesto que se ajuste a tus circunstancias y necesidades personales es una meta a corto o mediano plazo. Usualmente, este presupuesto debe ser renovado cada año o cuando haya un cambio drástico en tu situación financiera.

Lo que realmente determinará tu éxito financiero es aprender a administrar el dinero que ganas, cualquiera que sea esta cantidad. Como verás más adelante, debes fijar metas financieras de la misma manera que fijas metas profesionales, familiares y demás. Adopta nuevos hábitos que te permitan manejar tu dinero sabiamente, que te den la visión para aprovechar toda buena oportunidad financiera, y que te permitan ver con claridad aquello que pueda ser perjudicial para tus finanzas. Como he mencionado en varias ocasiones a lo largo de este libro, la llave del éxito está en planear. El éxito financiero no es un accidente; es el resultado de tu plan de acción, tu disciplina, y tu compromiso hacia la realización de tus sueños.

Si tu interés en alcanzar el éxito financiero es genuino, entonces mantener tus finanzas bajo control es más simple de lo que piensas. Por supuesto, ello no quiere decir que sea fácil. A pesar de que las reglas para alcanzar el éxito financiero son relativamente simples, muchas personas las encuentran poco convenientes.

Una manera simple de empezar a tomar control de tus propias finanzas, es desarrollar tu presupuesto personal. Sólo cuando logres determinar con certeza tus entradas mensuales netas y tu patrimonio personal, podrás decidir qué parte de ese dinero estás en condición de gastar o invertir. Es bien sabido que la persona promedio gasta más del 100% de sus ingresos, y, debido a esta falta de control, termina gastando más de lo que tiene. ¿Podemos empezar a construir nuestra fortuna de esta manera? Por supuesto que no. Espero no pecar de simplista al referirme al logro del éxito financiero en los siguientes términos: De un lado tienes el dinero que ganas y del otro, el dinero que gastas. Si tus entradas son mayores que tus gastos, estás acumulando riquezas, pero si, por el contrario, tus gastos son mayores que tus entradas, entonces estarás acumulando deudas. Por simple que parezca, este es el principio financiero más profundo que necesitas aprender para controlar tu situación económica.

Nunca obtendrás tu libertad financiera si estás gastando más de lo que ganas. Desarrollar un presupuesto para controlar tus gastos no es una alternativa sino una necesidad. Resulta increíble, pero un gran número de personas no saben a ciencia cierta cuánto dinero ganan mensualmente. Esto, sumado al hecho de que muchas de estas mismas personas tienden a no diferir ningún tipo de gastos, da como resultado que nunca sepan con cuánto dinero cuentan a fin de mes. ¿Has oído a alguien decir alguna vez que no entiende a dónde se fue su dinero? En este sentido, uno de los mayores problemas que enfrentan las personas, las corporaciones, los gobiernos e incluso los países es que tienden a gastar más de lo que tienen, y la mayor barrera que encuentran es querer reducir sus deudas sin cambiar los malos hábitos que los han conducido a dicha situación. Ya sea que ganes un millón de dólares al año o doscientos dólares semanales, si no elaboras un presupuesto, nunca lograrás el control absoluto de tus finanzas.

Elaborar un presupuesto consiste en planear tus gastos durante cierto período, de acuerdo con las entradas que obtienes regularmente durante ese mismo período. Esto incluye definir cuáles son tus necesidades y gastos fijos, y asignar una cantidad determinada de dinero para cada uno de estos gastos. En un comienzo, mientras efectúas la transición de tus viejos hábitos a tu nuevo estilo de vida, esto puede parecer casi imposible. No obstante, a medida que comienzas a instaurar nuevos hábitos de éxito (como evitar gastos innecesarios, pagar el balance de tus tarjetas de crédito a fin de mes y ahorrar mensualmente parte de tus entradas) verás cómo esto será cada vez menos difícil. De esta manera, poco a poco irás formando una pequeña fortuna. Recuerda que el origen de toda gran riqueza fue, casi siempre, una pequeña fortuna.

Existen muchos malos entendidos acerca de lo que es o no un presupuesto o acerca de lo que él puede hacer por ti. El primer gran error es creer que el presupuesto es solamente para personas con bajos ingresos o para quienes se encuentran enfrentando situaciones financieras difíciles. El presupuesto tampoco es simplemente elaborar una lista de los gastos mensuales. Tampoco esperes que tu presupuesto te ordene cómo gastar tu dinero.

Este no es un plan para evitar toda clase de gastos ni para distanciarte de aquellas cosas que deseas. Todos éstos son conceptos erróneos acerca de lo que, en realidad, es un presupuesto. Como dije antes, un presupuesto es simplemente un plan para distribuir tus ingresos, de tal manera que puedas cubrir los gastos correspondientes a tus necesidades y lograr, además, alcanzar tus metas. El porcentaje que asignes a cada componente de tu presupuesto, depende de tu situación personal. Si eres casado, tu presupuesto debe incluir tus metas personales, al igual que las de tu familia.

He aquí un ejemplo de un presupuesto de gastos:

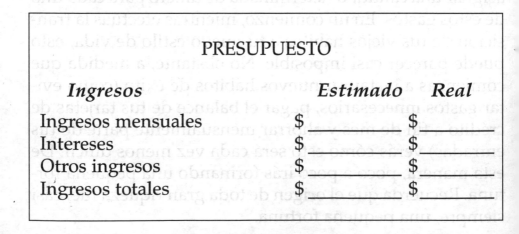

PRESUPUESTO		
Ingresos	*Estimado*	*Real*
Ingresos mensuales	$ _____	$ _____
Intereses	$ _____	$ _____
Otros ingresos	$ _____	$ _____
Ingresos totales	$ _____	$ _____

Gastos fijos	Estimado	Real
Alimentación	$	$
Renta o pago de hipoteca	$	$
Ahorros (10% de los ingresos)	$	$
Matrícula escolar	$	$
Transporte	$	$
Primas de seguros	$	$
Pagos de deudas	$	$
Servicios (agua, gas)	$	$
Impuestos	$	$
Automóvil	$	$
Teléfono	$	$
Otros	$	$
Gastos fijos totales	$	$

Gastos variables		
Recreación	$	$
Utiles escolares	$	$
Ropa	$	$
Gastos médicos y dentales	$	$
Lavandería	$	$
Reparaciones	$	$
Peluquería	$	$
Golosinas	$	$
Regalos	$	$
Otros	$	$
Gastos variables totales	$	$
Gastos totales	$	$
Ingresos totales	$	$
Gastos totales	$	$
Balance	$	$

Este no es más que un ejemplo de los diferentes gastos, tanto fijos como variables, que tu presupuesto debe incluir en cuenta. No obstante, éstos pueden variar de acuerdo con tu situación personal y con tus prioridades. Recuerda que un buen plan financiero consta de dos procesos: Establecer metas financieras específicas y manejar tus finanzas de manera que puedas alcanzar tus metas. Ten presente que tus metas financieras deben ser una combinación de tus circunstancias presentes y de tus sueños para el futuro. Si al desarrollar tu plan financiero te limitas a tomar en cuenta únicamente las realidades de tu presupuesto y tu situación presente, es muy posible que nunca alcances tus sueños. Pero si tomas en cuenta tus sueños al momento de elaborar tu plan financiero, es muy posible que logres encontrar maneras de modificar tu situación económica y controlar tus gastos.

3. El principio de diferir las gratificaciones

Si hubo algo que caracterizó las dos últimas décadas del siglo xx, fue la comercialización de cuanto podía ser comercializable. La Navidad, la Pascua, el Día de la Independencia, y cuanta fiesta más se celebrara en cualquier país del mundo, se convirtió en una venta más de realización, una oportunidad para comprar dos y llevar tres, o la gran trampa de comprar ahora y pagar más tarde. Esto trajo como resultado una sociedad de consumo, que para justificar estos comportamientos mediocres y compulsivos, que poco a poco sumieron en la ruina financiera a cientos de miles de personas, buscó justificar dicha mediocridad inventando nuevas enfermedades.

De repente el malgastar el dinero, comprando compulsivamente, dejó de ser categorizado como una forma irresponsable de actuar, y fue elevado al nivel de adicción. Y los poseedores de este mal hábito pasaron a ser enfermos, pobres víctimas de esta *incontrolable adicción*. El sobrecargar las tarjetas de crédito fue concebido como un síndrome propio de la época, una manera más de combatir el estrés. Muchas de estas personas al verse enterradas por las deudas, simplemente renunciaron a toda responsabilidad, decidieron declararse en bancarrota y empezar de nuevo este círculo vicioso.

No obstante, lo cierto es que todas estas son situaciones sobre las cuales nosotros tenemos control absoluto y la manera de solucionarlas debe comenzar con aceptar el ciento por ciento de la responsabilidad por nuestro éxito y bienestar financiero.

Uno de los hábitos más importantes que necesitas tomar, el cual también es uno de los más difíciles de adquirir, es aprender a diferir gastos y gratificaciones. Debemos evitar recompensarnos inmediatamente y sin tomar en cuenta nuestra situación financiera, o nuestras metas a largo plazo. Por desgracia, formamos parte de una sociedad de consumo cuyo lema es: "Si en verdad deseas comprarlo, ¿por qué esperar?". Por esta razón, necesitamos cuidarnos de no caer en esta trampa, y no sucumbir ante presiones externas o emociones esporádicas que nos llevan a realizar gastos innecesarios.

Muchas personas piensan que si ganaran el doble, todos sus problemas financieros se resolverían. Sin embargo, lo cierto es que si no sabemos cómo administrar cien dólares, menos sabremos cómo administrar mil. Si piensas que tu problema es que no ganas suficiente dinero, ello significaría que toda persona que gana un poco más que tú no debería tener ningún problema financiero. Sin embargo, las personas que ganan cientos de miles de dólares al año, también pueden tener dificultades financieras. Muchos de ellos se encuentran tan mal financieramente como aquéllos que únicamente ganan doscientos dólares a la semana. La única diferencia es que están quebrados a un nivel más alto.

¿Qué significa verdaderamente diferir las gratificaciones? Es entender que no hay razón para apresurarse a adquirir todo aquello que deseas poseer, sino que, por el contrario, es prudente y aconsejable esperar el momento apropiado para comprar cualquier cosa.

Aprende de los grandes triunfadores, quienes han creado el hábito de gratificarse sólo tras haber alcanzado alguna de sus metas. Deja a un lado la vieja costumbre que consiste en premiarte sólo por halagarte, es decir, gratificarte sin haber realizado nada para merecerlo. Cambiar dicha costumbre exigirá mucha disciplina, ya que es parte de nuestra naturaleza humana el querer recompensarnos de manera inmediata y constante. Es curioso cómo muchas personas se sienten merecedoras de espectaculares vacaciones, en ocasiones sin haber hecho absolutamente nada para merecerlas. Adquieren grandes deudas para poder tener un estilo de vida que ni siquiera logran disfrutar. Se mantienen siempre al borde de la bancarrota, simplemente para poder vestir de la manera como otros dicen que deben vestir y para mantener, así, cierto nivel entre sus amigos. Si crees haber caído víctima del *status*, déjame compartir contigo una definición de la palabra esa que alguna vez oí: *Status* es comprar cosas que no necesitamos, con dinero que no tenemos, para impresionar a gente de la cual no gustamos.

Durante mi último año en la universidad, obtuve mi primera tarjeta de crédito. Más tarde culpé a la persona que, con una simple solicitud, me introdujo al mundo del crédito y las deudas. Sin embargo, un día comprendí que la culpa no había sido de él sino mía. Déjame contarte cómo llegué a estar al borde de la quiebra financiera, y entonces podrás entender por qué esta situación no tuvo que ver precisamente con las tarjetas de crédito, sino más bien con mi falta de disciplina y madurez financiera.

Resulta que cuando estaba a punto de terminar mis estudios de doctorado, ya daba por hecho la boyante situación económica en la cual me encontraría unos meses más tarde. Por ello, aun antes de obtener mi primer trabajo, se me había ocurrido la brillante idea de comenzar a disfrutar del dinero que aún no había recibido, pero que, pensé yo, seguramente no tardaría en llegar.

Ese fue el principio del fin. Por aquel entonces, mi esposa y yo nos estábamos mudando a un nuevo apartamento y decidimos comprar un par de cosas para nuestro nuevo hogar. Alegremente decidimos que nada mejor para complementar nuestra nueva vivienda que un flamante automóvil. Después comenzamos a frecuentar restaurantes caros, a comprar cuanta cosa nueva salía al mercado y, antes que nos diéramos cuenta, ya habíamos gastado el equivalente a mi primer año de salario y ¡todavía ni siquiera tenía puesto de trabajo!

Al examinar esta situación, he podido concluir que llegué al borde de la quiebra por ignorar los principios que he presentado en este capítulo. Y es que la ruina económica no se produce solamente por haber tomado una mala decisión financiera. Por lo general, aquélla es el resultado de una suma de malas decisiones; la más común de ellas es no aprender a diferir la adquisición de los bienes que consideramos imprescindibles. Pregúntate si alguna vez has comprado algo que considerabas indispensable sólo para volver a encontrarlo meses más tarde guardado en alguna caja, aún sin desempacar. Estas son las compras que poco a poco consumen nuestra fortuna.

¿Cómo se puede combatir este mal hábito? Quiero presentar a continuación un pequeño ejercicio que mi amigo Ken Hendon compartió conmigo hace muchos años. Ken solía razonar de la siguiente manera: "Cuando estés pensando en adquirir algo fuera de lo ordinario, algo que no sueles comprar todos los días, no lo hagas inmediatamente, inclusive si lo crees muy necesario. Escríbelo en un papel, pégalo en la puerta del refrigerador, o en cualquier otro sitio visible, y déjalo ahí por lo menos una semana. Si al final de esa semana aún deseas comprarlo con la misma urgencia que antes, hazlo sólo si puedes pagarlo en efectivo. Si no puedes, entonces no lo necesitas".

Si haces esto, probablemente descubrirás un gran número de cosas que, en su momento, pensaste que necesitabas con gran urgencia, pero que, en realidad, no era así. Te darás cuenta que, de haberlas adquirido, habrías desperdiciado tu dinero. Haz esto y te prometo que no sólo tendrás más dinero en el bolsillo al final del mes, sino que también habrás dado el primer paso para tomar el control de tu situación financiera.

¿Cuáles hábitos financieros debes cambiar o adquirir?   **Fecha**

1. _____   _____

2. _____   _____

3. _____   _____

4. _____   _____

5. _____   _____

Plan de Acción

1. ¿Poseo un presupuesto que me permite asumir el control de mis finanzas?

_____

_____

2. ¿Suelo caer víctima de las gratificaciones inmediatas, o he aprendido a diferir las gratificaciones para no gastar más de lo que gano?

_____

_____

3. ¿Utilizo mis tarjetas de crédito indiscriminadamente, sin tener en cuenta mis metas a largo plazo?

_____

_____

4. ¿Ahorro una parte de mis entradas todos los meses? Si la respuesta en NO, ¿cuánto dinero pienso ahorrar mensualmente de ahora en adelante?

_____

_____

5. He aquí tres nuevos hábitos que puedo adquirir para desarrollar un futuro financiero sólido:

   a) _____

   b) _____

c) _____

6. ¿Mantengo un estado de búsqueda constante de oportunidades que puedan significar mejores ingresos?

_____

_____

7. He aquí cinco actividades de poca prioridad en las que
   hoy malgasto mi dinero, y que puedo eliminar de mi estilo de vida:

   a) _____

   b) _____

   c) _____

   d) _____

   e) _____

**Mis diez metas financieras
más importantes**   Fecha

1. _____   _____
   _____   _____

2. _____
   _____   _____

3. _____
   _____   _____

4. _____
   _____   _____

5. _____
   _____   _____

6. _____
   _____   _____

7. _____
   _____   _____

8. _____
   _____   _____

9. _____
   _____   _____

10. _____
    _____ _____

Afirmaciones de Exito

. . . .

☐ Siempre visualizo mentalmente los resultados que espero obtener en todo lo que hago. La clara visión de mis metas, que logro crear en mi mente, me proveen con la fuerza y la energía para alcanzarlas.

☐ Yo concibo el dinero como una herramienta para efectuar cambios positivos en mi vida, y en las vidas de aquéllos que están a mi alrededor. El dinero es un criado y yo soy su amo. Soy yo quien determino qué hacer con él.

☐ Disfruto de la libertad financiera que continuamente logro como resultado de poseer metas financieras específicas, y como resultado de mi compromiso e inteligencia en el manejo de mis finanzas.

☐ Soy financieramente responsable. El dinero viene fácil a mí, porque sé cómo administrarlo y porque he desarrollado hábitos de éxito para asegurarme que él trabaje para mí.

☐ Yo creo independencia financiera en mi vida de muchas maneras. Tengo metas específicas que me dicen exactamente cuánto dinero ganaré y cuándo y cómo vendrá a mí.

☐ Manejo bien mi crédito. Nunca abuso de él, ni soy esclavo de mis tarjetas de crédito. Estoy dispuesto a esperar por las cosas que deseo, no caigo víctima de la trampa de querer todo ya mismo.

☐ Nunca malgasto el dinero. He aprendido el valor de gastar e invertir mi dinero sabiamente. Soy responsable y calculador en todas mis decisiones financieras. Debido a mi buen manejo del dinero, siempre logro ahorrar lo suficiente.

Capítulo VIII

El Ser Familiar

"Antes de casarme yo tenía tres teorías diferentes acerca de cómo criar a los hijos. Ahora tengo tres hijos y ninguna teoría que sirva."

JOHN WILMOT

os últimos años de este siglo pasarán a la Historia como una época marcada por serios cuestionamientos acerca de la supervivencia de la especie humana. No por la inminencia o peligro de una guerra nuclear, sino por lo que llegó a percibirse como una autodestrucción escalonada, resultado de la pérdida de los mismos valores, que en otra época fueran precisamente los que garantizaron su crecimiento y hegemonía.

Términos como: el derecho a la vida, la familia disfuncional, el suicidio de adolescentes, los bebés adictos, la ruptura de la familia nuclear, los padres ausentes y muchos otros términos nacieron o florecieron en las dos últimas décadas del presente siglo. Ello hizo evidente la crisis de valores que caracterizó una sociedad en que la unión familiar, las relaciones padres-hijos, el amor y la ternura, la responsabilidad familiar pasaron a un segundo plano. Uno de los grandes paradigmas del nuevo siglo será entonces el retorno a todos aquellos valores que suelen crecer y solidificarse en el núcleo familiar.

El Ser Familiar es el padre, madre, esposa o esposo, hijo o hija preocupados. Es quien te recuerda constantemente que necesitas trabajar en tu hogar tanto como lo haces en tu trabajo. Te habla acerca de tu relación con tu cónyuge, y te recuerda que todos los días tienes la oportunidad de ser una influencia positiva sobre tus hijos.

Con cierta frecuencia escucho a padres de familia que culpan al sistema educativo de haber fracasado en la tarea de transmitir y cultivar aquellos valores que ellos consideran indispensables para el éxito. Se quejan de que los maestros no les inculcan a sus hijos disciplina, constancia, respeto por los demás, ni las cualidades necesarias para triunfar y lograr una vida plena y feliz.

Muchos profesores responden argumentando que la educación debe empezar en el hogar. Afirman que si ellos se dedicaran a la enseñanza de estas y otras actitudes y valores, no habría suficiente tiempo para transmitir a los estudiantes los conocimientos generales que tradicionalmente han sido el núcleo de la enseñanza escolar. Por ello insisten en que la responsabilidad en esta área les corresponde, fundamentalmente, a los padres.

Hace algunos años, al discutir este punto en una de mis conferencias, uno de los asistentes pidió la palabra. Estaba indignado e insinuó que yo hablaba sin conocimiento de causa, pues no tenía que lidiar con tres adolescentes. Entonces dijo: "Mis hijos pasan la mayor parte del día en la escuela, ¿cómo voy a poder transmitirles estos valores mejor de lo que puede hacerlo un profesor que tiene contacto directo con ellos casi todo el día?". Pese a su rudeza, aquel hombre estaba comunicando una inquietud importante. Por ello, hablé con él acerca del problema.

Mi explicación fue algo así: El estudiante promedio asiste a la escuela aproximadamente siete horas diarias durante

los ciento ochenta días de los cuales se compone el año
escolar. Eso quiere decir que el estudiante promedio permanece en la escuela un total de 1.260 horas al año. Sin
embargo, el año cuenta con 8.760 horas. Ello significa que
ese mismo niño permanece en casa, bajo la tutela y cuidado de sus padres, alrededor de 7.500 horas anuales. Esto
sin tomar en cuenta que este niño estuvo bajo el cuidado
casi exclusivo de sus padres 40.000 horas antes de iniciar
su educación formal.

Con esto en mente, pregunté a los asistentes: ¿En quién
creen ustedes que debe descansar una mayor parte de la
responsabilidad por transmitir y cultivar hábitos y actitudes triunfadoras en nuestros hijos?

Quizás este pensamiento de Dorothy Law Nolte es la mejor manera de mostrar el efecto que nuestro comportamiento y ejemplo tienen sobre nuestros hijos:

> *Los niños aprenden lo que viven.*
> *Si un niño vive con la crítica*
> *aprende a condenar.*
> *Si un niño vive con la hostilidad*
> *aprende a pelear.*
> *Si un niño vive con el ridículo*
> *aprende a ser tímido.*
> *Si un niño vive con pena*
> *aprende a sentirse culpable.*
> *Si un niño vive con el aliento*
> *aprende a sentir confianza.*
> *Si un niño vive con alabanza*
> *aprende a apreciar.*

Si un niño vive con la justicia
aprende a tener fe.
Si un niño vive con la aprobación
aprende a quererse.
Si un niño vive con la aceptación y la amistad
aprende a encontrar el amor en el mundo.

Examinemos entonces por unos momentos cómo se desenvuelven las cosas en el núcleo de la familia de hoy, para poder ver dónde se encuentran las raíces de los problemas y situaciones que debemos solucionar para evitar ser una estadística más. Es indudable que la familia ocupa lugar prominente en la escala de prioridades de la gran mayoría de las personas, ya que casi la totalidad de nuestra vida la pasamos dentro del núcleo familiar: Primero, como hijos; más adelante como esposos y, finalmente, como padres. Siempre que teníamos problemas en la escuela o en el trabajo, si nos enfermábamos o necesitábamos un consejo, el hogar era un sitio donde encontrábamos comprensión y apoyo.

Quizás por esto, muchas veces damos por sentado que esta situación nunca cambiará. Por ello no siempre prestamos la debida atención a nuestras relaciones familiares; olvidamos cultivar la armonía, la unión y la comunicación entre sus miembros. ¿Por qué si nuestra familia ocupa una prioridad tan alta en nuestras vidas, nuestras acciones no siempre se orientan a darle solidez a esta unión?

¿Cuántos minutos a la semana crees tú que pasa el padre promedio conversando en términos cordiales con su hijo? De acuerdo con diversos estudios, el padre promedio emplea alrededor de cinco minutos semanales conversando con sus hijos en tonos normales. Por supuesto, las palabras claves son tonos normales. Ahora bien, todos estamos de acuerdo en que compartir nuestro tiempo con los hijos tiene un gran valor. Entonces ¿por qué dedicamos tan poco tiempo a dicha actividad? La razón por la cual la comunicación con nuestros hijos es casi inexistente, a pesar de la importancia que, por lo menos verbalmente, le hemos asignado, es que ésta no es apremiante. Es decir, no es percibida como algo urgente a menos que exista un problema que exija nuestra pronta intervención.

Digamos, por ejemplo, que acabas de llegar a tu casa después de un largo día de trabajo. Son las seis de la tarde y aún tienes varias actividades por realizar antes de irte a la cama. Debes llamar a tu compañero de trabajo a su casa para discutir un asunto que será tratado en una reunión al día siguiente. También debes cenar prontamente, ya que tu estómago te está enviando señales inequívocas de hambre. Deseas, como todas las noches, mirar el noticiero de las 6:00 p.m., ya que si no lo haces no tendrás la oportunidad de enterarte de las noticias del día y como sueles decir: "Si no miras las noticias, el mundo se puede acabar y tú ni te das cuenta...". Por supuesto, también deseas algún tiempo con tu esposa y tu hijo, a quienes pareciera que no has visto en un par de días. Es muy probable que no te detengas a examinar la importancia de cada una de estas acciones. Casi con seguridad, al igual que la inmensa mayoría de las personas, no harás una lista de estas actividades para determinar la prioridad que asignarás a cada una de ellas, de manera que puedas proceder de acuerdo con tus prioridades y no de acuerdo con las asignadas por fuentes externas. La determinación sobre qué harás primero y qué harás después, la tomarás, si lo haces, en cuestión de segundos e inconscientemente.

Si pusiéramos a cien personas en esta misma situación, una gran mayoría de ellas procedería de la misma manera: Hacer la llamada telefónica (muchas veces antes de saludar al esposo o esposa o a los hijos), encender el televisor para seguir de reojo las noticias, comer sin quitar los ojos del televisor y medio hablar con nuestro esposo o esposa y con nuestros hijos durante los comerciales.

Claro que no todos actuamos de la misma manera; no obstante, es triste ver que, a pesar de su gran importancia, la comunicación con nuestra familia no goza de la atención que merece. Nuestras acciones diarias muestran que ésta no es una actividad que tenga la misma urgencia de otras. ¿Por qué sucede esto? Pues porque asumimos que los hijos siempre van a estar ahí y eso nos da la certeza de que podemos hablar con ellos en cualquier momento. Tendemos a posponerlo porque no sentimos ninguna urgencia y porque no existe una circunstancia apremiante que demande atención inmediata. ¿En qué momento el padre se acerca a su hijo para preguntarle si tiene algún problema? Probablemente cuando ya existe un problema, y peor aún, muy posiblemente cuando ya es demasiado tarde para evitarlo.

Es curioso cómo muchas de las cosas que son de gran importancia para nuestro éxito personal no nos están acosando constantemente para que las realicemos. Ellas simplemente esperan a que tomemos la decisión de actuar sobre ellas. ¿Cuánto tiempo semanal de conversación ininterrumpida creen ustedes que hay entre esposo y esposa? Resulta difícil de creer, pero varios estudios han informado que el promedio es de veintisiete minutos de conversación continua. Ahora bien ¿es vital el conversar con nuestro esposo o esposa? Creo que todos estamos de acuerdo en que sí lo es, pero ¿es urgente? En realidad no, pues todos suponemos que la esposa o el esposo siempre va a estar ahí, y como no hay ninguna prisa, tendemos a dejarlo para más tarde.

No me cabe ninguna duda que éste es uno de los factores responsables por las elevadas tasas de divorcio que mencionaba en el primer capítulo. El distanciamiento en la pareja es el resultado de la pobre comunicación, de tener expectativas irreales acerca de la pareja y del matrimonio y de olvidar los pequeños detalles que fueron precisamente los responsables por el acercamiento y la atracción inicial.

Evaluemos entonces cómo está tu situación actual en estas áreas. Responde el siguiente cuestionario con total honestidad. Recuerda que el primer paso en solucionar un problema es reconocerlo en su totalidad.

Acerca de tu pareja

1. Escribe las tres mayores cualidades que tu pareja posee:

   a) ___Trabajador___

   b) ___Comprendibo___

   c) ___Muy Buen Padrey Esposo___

2. ¿Qué fue lo que más te atrajo de tu pareja cuando la conociste?

   Su Personalidad y Limpieza
   Un Mechon Blanco de Canas!!

3. ¿Qué es lo que más te gusta acerca del sentido del humor de tu pareja?

   no Tiene pero de Ves
   en Cuando Vromiamos
   muy Poco, es demaciado
   Serio y Firme ♡

4. Describe la velada más romántica que recuerdes haber pasado con tu pareja:

   La hida a Carmel fue
   Algo maravilloso pues es
   un Lugar mucho muy Especial
   Para Parejas!

5. ¿Cuáles son algunas de las cosas positivas que otras personas dicen acerca de tu pareja?

a) _Es una Computadora Caminando_

b) _Muy Trabajador y demaciado_
bien Organizado y bien

c) _eho en todo._

d) _Tiene muy Bonita Persona l_
idad y Sabe Como tratar

e) _a dos demas._

f) _Je gusta Cocetear Con_
Frecuencia ♉

6. Escribe los que tú crees son los tres sueños, metas o aspiraciones más importantes de tu pareja:

a) _biajar_

b) _Tener un Camper ya lo Cumplió_

c) _Su Salud. ✱_

Esta evaluación busca dejarte saber a ti qué tan bien conoces a tu pareja. Comparte tus respuestas con ella, o utilízalas para buscar conocer más profundamente a este ser con el cual has decidido pasar el resto de tus días.

Acerca de ti

Asigna un puntaje de 1 a 5 a cada una de las siguientes preguntas, 1 siendo NUNCA, y 5 siendo SIEMPRE.

1. ¿Agradeces a tu pareja por hacer pequeñas cosas en casa? _5_

2. ¿Comúnmente le preguntas a tu pareja cómo se siente y escuchas lo que ella tiene que decir? _3_

3. ¿Le preguntas a tu cónyuge si desearía comer un poco más, antes de servirte tú el último bocado? _5_

4. ¿Cuando tu pareja ha tenido un día difícil en casa o el trabajo, realizas un esfuerzo extra para ser especialmente atento aquella noche? _3_

5. ¿Le demuestras a tu pareja tu aprecio cuando observas que ella ha hecho un esfuerzo por ser atenta contigo? _4_

6. ¿Paras lo que estás haciendo cuando tu pareja llega a casa, para saludarla cariñosamente? _3_

7. ¿Estás dispuesto a tratar nuevas actividades en las que tu pareja pueda estar interesada, así tú no estés demasiado interesado en ellas? _5_

8. ¿Sólo por mostrar tu amor, en ocasiones realizas trabajos o actividades que son usualmente responsabilidad de tu pareja? _5_

9. ¿Cuando los familiares de tu pareja los visitan, te esfuerzas porque ellos se sientan a gusto? _5_

10. ¿Das prioridad a conversar con tu cónyuge, sobre cualquier otra actividad que pueda estar demandando tu atención? _3_

- Puntajes entre los 10 y los 20 puntos. Debes prestar más atención a tu pareja y a tu relación.

- Puntajes entre los 21 y los 30 puntos. Vas por buen camino. Sin embargo, hay cosas por hacer.

- Puntajes entre los 31 y los 40 puntos. Buen trabajo. Prémiate con una velada inolvidable. ✈ ♡

- Puntajes entre los 41 y los 50 puntos. Felicitaciones. Envíame tu historia para mencionarla en mi próximo libro.

Seis señales de peligro

1. ¿Has cambiado el besar a tu pareja en los labios cuando te despides, por un besito en la mejilla?

2. Ya olvidaste la última ocasión en la cual le hiciste un regalo a tu pareja, sin que existiera absolutamente ninguna ocasión especial que lo requiriera.

3. Ya no te tomas la molestia de llamar a casa para informarle a tu pareja que llegarás tarde.

4. Has olvidado las cuatro expresiones de cariño y respeto básico en la relación de pareja: te amo, lo siento, gracias y por favor.

5. Pospones las celebraciones de tu aniversario o de los cumpleaños para cuando sea conveniente (cuando te acuerdas de ellas).

6. Ya no disfrutas de salir a caminar, escuchar música, ir a cine, o salir a cenar con tu pareja, a menos que sea en compañía de otras personas.

Acerca de tu relación con tus hijos

Asigna un puntaje de 1 a 5 a cada una de las siguientes preguntas, 1 siendo NUNCA, y 5 siendo SIEMPRE.

1. ¿Consultas la opinión de tus hijos al momento de sentar metas que afectan a toda la familia? _5_

2. ¿Apoyas y ayudas a tus hijos en sus tareas, actividades e intereses personales? _5_

3. ¿Sabes sin temor a equivocarte cuáles son los sueños y metas más importantes de tus hijos? _5_

4. ¿Comúnmente, te reunes a hablar con ellos, sin que tenga que existir ningún problema o situación que lo demande? _5_

5. ¿Estás dispuesto a tratar nuevas actividades en las que tus hijos puedan estar interesados, así tú no estés demasiado interesado? _4_

6. ¿Paras a escuchar a tus hijos, así estés viendo las noticias o leyendo el periódico? _4_

7. ¿Comúnmente le preguntas a tus hijos cómo se sienten o qué tal día tuvieron, y escuchas lo que ellos tienen que decir? _5_

8. ¿Sientes que has podido eliminar abismos generacionales entre tú y tus hijos? _4_

9. ¿Participan tus hijos, de forma voluntaria, en tus intereses personales, preferencias deportivas o actividades recreativas? _5_

10. ¿Conoces, hablas, e interactúas con los amigos de tus hijos? _5_

- Puntajes entre los 10 y los 20 puntos. Debes prestar más atención a tu relación con tus hijos. Examina cada respuesta y determina qué puedes empezar a cambiar hoy mismo.

- Puntajes entre los 21 y los 30 puntos. Es importante lograr una mayor cercanía con tus hijos. Recuerda que de esto depende que te conviertas en una fuerza de impacto positivo en sus vidas.

- Puntajes entre los 31 y los 40 puntos. Buen trabajo. Es hora de llevar tu relación con tus hijos a una nueva dimensión. Sé creativo y sorpréndelos.

- Puntajes entre los 41 y los 50 puntos. Felicitaciones. Busca compartir tu historia con otras personas, ya que tristemente tu situación es muy poco común, y el mundo necesita que eso cambie.

Cuando hablo de sentar metas familiares, no me estoy refiriendo necesariamente a fijar metas grandiosas y espectaculares a largo plazo. Se pueden también fijar metas y objetivos a corto plazo que nos permitan mantener una comunicación abierta y constante con todos y cada uno de los miembros de nuestra familia. Verdaderamente me estoy refiriendo a la necesidad de examinar claramente nuestras acciones y actividades diarias, y determinar si ellas van de acuerdo con la prioridad que le hemos otorgado a nuestras relaciones familiares.

En cierta ocasión leí un poema anónimo que quiero compartir contigo, porque me ayudó a comprender el verdadero significado de sentar metas familiares, particularmente en lo que se refiere a nuestra relación con nuestros hijos y a nuestra manera de comunicarnos con ellos. Estas ideas han sido de gran ayuda en mi relación con mis hijos Richard Alexander y Mark Anthony.

Papá:

No me des siempre todo lo que pida,
a veces yo sólo pido para ver cuánto puedo obtener.
No me des siempre órdenes;
si a veces me pidieras las cosas lo haría con gusto.
Cumple siempre tus promesas;
si me prometes un premio o un castigo, dámelo.
No me compares con nadie.
Si me haces lucir peor que los demás seré yo quien sufra.
No me corrijas delante de los demás,
enséñame a ser mejor cuando estemos a solas.
No me grites, te respeto menos cuando lo haces
y me enseñas a gritar.
Déjame valerme por mí mismo o nunca aprenderé.
Cuando estés equivocado admítelo,
y crecerá la opinión que tengo de ti.
Haré lo que tú hagas,
pero nunca lo que digas y no hagas.
Enséñame a conocer y amar a Dios.
Cuando te cuente mis problemas,
no me digas no tengo tiempo; compréndeme y ayúdame.
Quiéreme y dímelo, me gusta oírtelo decir.

ANÓNIMO

Es claro que, como familia, necesitamos poseer también grandes metas, a largo plazo que nos permitan trabajar unidos en la realización de objetivos comunes. Sin embargo, actividades aparentemente triviales, como pueden ser ayudar a tu hijo a realizar sus tareas, escuchar algo de música junto con tu cónyuge o planear una salida corta, tienen tanta importancia como cualquiera de tus metas más ambiciosas. Son estas pequeñas actividades las que nos permiten mantener encendida la llama de la unión y el amor familiar. El éxito no siempre se conquista dando un gran paso, también se puede alcanzar dando una serie de pasos pequeños, todos orientados a mantener un balance en nuestras vidas.

Para muchas personas, el problema parece radicar en la falta de tiempo. Sin embargo, después de analizar cientos de casos, directa e indirectamente, he podido comprobar que el verdadero problema es la falta de planeación. No es el tiempo lo que nos hace falta, sino el incluir nuestras metas familiares en nuestra lista de metas a largo y corto plazos y en nuestra lista de actividades diarias.

En un principio, es muy probable que esto requiera que coloques tus actividades familiares en la misma lista de actividades diarias, junto con todas tus obligaciones profesionales y de trabajo, para así asegurarte de realizarlas. Tu lista de actividades puede lucir de la siguiente manera:

• Terminar el informe trimestral.

• Confirmar los pasajes para el viaje del viernes.

• Comprar flores para mi esposa.

• Llamar al mecánico; hacer un cita para revisión del auto.

- Ayudar a mi hijo con las tareas esta noche.

- Confirmar la reunión del próximo jueves a las 9:00 a.m.

- Salir con mi hijo y con mi esposa a dar una vuelta por el centro comercial.

Es muy probable que algunos piensen que incluir las actividades familiares en esta lista, les quita la espontaneidad con la cual deberían ser realizadas. No obstante, la verdad es que debido al ritmo de vida que muchos llevamos, o dado que éstos son hábitos que deseamos adquirir, escribirlos puede resultar de gran ayuda. Con el tiempo, seguramente vendrán a nosotros de manera automática. En este caso, podríamos decir que el fin justifica los medios.

Plan de Acción

1. ¿Estoy satisfecho con la relación que mantengo con mi cónyuge y con mis hijos? He aquí cinco acciones que puedo realizar para mejorarla:

   a) _____

   b) _____

   c) _____

   d) _____

   e) _____

2. ¿Doy prioridad a mis relaciones familiares sobre mis logros profesionales o permito que esta área quede relegada a un segundo plano?

   _____

   _____

3. ¿Conozco realmente a los miembros de mi familia? ¿Cuáles son las tres metas y aspiraciones más importantes de mi cónyuge y de mis hijos?

   a) _____

   b) _____

   c) _____

   a) _____

   b) _____

   c) _____

4. ¿Escucho las inquietudes de mis hijos o las ignoro a causa de las urgencias del diario vivir?

_____

_____

5. ¿Mantengo rencores, celos o rivalidad con alguno de los miembro de mi familia? ¿Cómo me hace sentir esta situación y qué puedo hacer al respecto?

_____

_____

6. ¿Qué actividades específicas podrían fomentar un mayor grado de comunicación entre los miembros de mi familia? Sé específico.

   a) _____

   b) _____

   c) _____

7. ¿Celebro las fechas especiales en compañía de mi familia?

_____

_____

8. ¿Durante este último mes, qué actividad específica he llevado a cabo para dejarle saber a mi pareja cuánto la amo y cuánto aprecio su amor y su apoyo?

_____

_____

9. ¿Comparto mis decisiones, problemas o inquietudes con mi familia o suelo mantenerlos alejados de las otras áreas de mi vida?

_____

_____

**Mis diez metas familiares
más importantes**   Fecha

1. _____   _____

   _____   _____

2. _____

   _____   _____

3. _____   _____

   _____

4. _____

   _____   _____

5. _____

   _____   _____

6. _____

   _____   _____

7. _____

   _____   _____

8. _____

   _____   _____

9. _____

   _____   _____

10. _____

   _____   _____

Afirmaciones de Exito

. . . .

☐ Amo el estar casado, y disfruto de las experiencias y bendiciones que mi matrimonio ha traído a mi vida. Disfruto mucho de ser un gran padre/madre, y de experimentar los grandes frutos y placeres que mi relación con mis hijos traen a mi vida.

☐ Mi matrimonio ha funcionado porque he trabajado en él. Aunque desde un principio tomé la decisión de tener éxito en mi matrimonio, esto es algo que nunca doy por sentado, y siempre soy consciente del papel que juego para que el éxito en mi matrimonio perdure.

☐ Respeto la individualidad de mi pareja. Admiro las muchas cualidades y talentos que ella ha traído a nuestra relación, y frecuentemente demuestro mi amor y admiración, tanto en público como en privado.

☐ Respeto mi matrimonio y a mi pareja, y busco siempre solucionar cualquier problema de una manera positiva, siendo sensible a las necesidades de mi cónyuge, sin ignorar las mías. Cualquier desacuerdo o discusión que tengo en casa lo soluciono en privado, con entendimiento, empatía y profundo amor.

☐ Soy honesto, sincero y abierto en mi manera de pensar. Siempre me expreso de manera clara y serena, y soy siempre muy sensible hacia las opiniones y sentimientos de mis seres queridos.

☐ Siempre transmito a mis hijos los valores que considero importantes para el éxito, a través de mi propio ejemplo. Mis acciones y hábitos son consistentes con los valores y principios de éxito que gobiernan mi vida.

☐ Poseo una gran habilidad para expresarme física, espiritual y emocionalmente, sin ninguna reserva y sin que nada me detenga. Cuando hablo, siempre lo hago con convicción. Escojo bien las palabras que uso, asegurándome de ser claro y asertivo, al tiempo que soy respetuoso y considerado con cada uno de los miembros de mi familia.

Epílogo

*C*iertamente, *el haber desarrollado a cabalidad las exigencias de cada uno de los capítulos de este libro te ayudará grandemente a realizar tu plan personal de éxito. Como habrás podido observar, es imperativo escuchar a todas las partes de tu ser cuando desarrolles tu plan de acción o cuando estés a punto de tomar decisiones mayores. Si en verdad quieres que este proceso de sentar metas y objetivos claros sea efectivo y constituya para ti un mejor estilo de vida, debes prestar mucha atención a cada una de las áreas que hemos cubierto en los pasados capítulos.*

Cuando te dispongas a determinar cuáles son las cosas verdaderamente importantes en tu vida, debes sentar metas profesionales, intelectuales, espirituales, de salud y estado físico, familiares y de esparcimiento para ti y tu familia. Escucha a cada uno de los miembros de tu junta directiva y asegúrate que tus metas se traduzcan en objetivos y actividades claras y precisas, y no se queden en simples generalidades.

Los miembros de tu junta son expertos en su respectivo campo. Pero, al igual que la mayoría de los expertos, cada uno cree que su respectiva área es la faceta más importante de tu vida y que toda decisión debe ser tomada dando prioridad a su punto de vista. Pero recuerda: Tú eres el presidente; tú sabes que todos y cada uno de ellos hacen grandes contribuciones a tu vida. Es tu responsabilidad escucharlos a todos y sentar metas tomando todas sus opiniones en cuenta.

Permite que todos ellos se expresen. Algunos profesionales se concentran tanto en sus carreras, que olvidan sentar metas en las otras áreas de su vida. Uno de los grandes errores que podemos cometer es enfocarnos tan intensamente en una meta en particular que lleguemos a ignorar los otros aspectos de nuestra vida. La inactividad para cualquiera de tus "Seres" es fatal. ¿Has notado alguna vez que cuando dejas de hacer ejercicio por un largo tiempo es muy difícil volver a hacerlo, y que si abandonas la lectura, pierdes totalmente tu interés en ella? La razón es que el Ser Intelectual o el Ser Estado Físico estuvieron inactivos por tan largo tiempo, que han caído víctimas de un profundo sueño y necesitan ser despertados.

Si dedicas todo tu esfuerzo a destacarte en una sola área de tu vida, es muy posible que lo consigas. Pero si lo haces a expensas de las demás áreas de tu vida, no puedes hablar de haber logrado un éxito integral. Por esta razón es absolutamente necesario mantener un equilibrio interior. Recuerda que el verdadero éxito se encuentra cuando consigues que los siete miembros de tu junta directiva colaboren de manera armónica. Mucha suerte en esta nueva vida que has decidido vivir, y que tengas un feliz nuevo milenio.

FIN

Oct 20, 04 Lo leei y me Encanta todo Los
practicas Personales C. C.

NOTAS

NOTAS

INDICE

Querido lector:

Quiero felicitarte por haber tomado el tiempo para leer este libro, el cual espero ayude a desarrollar una mejor calidad de vida. Sin embargo, el trabajo hasta ahor comienza. Es hora de poner en marcha el plan de éxito que desarrollaste a través d los pasados ocho capítulos.

Para continuar con tu plan de crecimiento y desarrollo personal te invitamos a qu visites nuestro portal de Internet **www.elExito.com**, una comunidad de Internet sól para triunfadores. Allí podrás encontrar siete canales de navegación que responden las diferentes facetas de tu vida: profesional, familiar, espiritual, financiera, salud intelectual y recreación.

Además, regístrate gratis y recibe semanalmente nuestra revista electrónic Triunfador.net, con artículos de motivación, biografías de personas de éxito, frase motivacionales y mucho más.

He aquí algunas de las cosas que encontrarás en **www.elExito.com**:

- Cursos en línea para tu desarrollo y crecimiento personal.

- Tests de auto evaluación en cada área de tu vida.

- La frase motivacional del día.

- Artículos sobre temas de pareja, familia, finanzas y mucho más.

- Foros de discusión sobre temas de éxito y motivación.

- Los mejores libros y programas en audiocasete de auto-ayuda.

- Información sobre conferencias, seminarios y talleres.

Únete a la comunidad de triunfadores más grande del mundo del Internet y comienza hoy a hacer realidad tus sueños.

Camilo F. Cruz

OTRAS OBRAS DEL DR. CAMILO CRUZ

LIBROS

La parábola del triunfador
En un relato sencillo y apasionante, el protagonista comparte leyendas y fábulas que contienen los secretos básicos de la felicidad humana. Una historia llena de sabiduría que te ayudará a romper barreras y cambiar tu mentalidad para lograr tus sueños y metas.

Siete pasos para convertir tus sueños en realidad
Este libro te enseñará a eliminar los miedos, y a desarrollar persistencia y disciplina para convertir tus sueños en realidad. Conocerás los pasos que debes seguir para sentar metas y objetivos, y aprenderás a crear grupos de apoyo que te ayuden a alcanzarlas.

Guía para triunfar en los Estados Unidos
Es la mejor guía para quienes quieren radicarse en los Estados Unidos. Contiene cientos de instrucciones, pasos, direcciones, teléfonos e indicaciones sobre cómo y dónde encontrar todo tipo de orientación y ayuda.

AUDIOLIBROS

Actitud mental positiva
Descubre los diez mandamientos de la actitud mental positiva y aprende a reprogramar tu mente subconsciente con principios y actitudes que harán de ti una persona de éxito.

Poder sin límites en las ventas
Descubre cómo triplicar tu productividad personal, cómo incorporar persuasión y efectividad en cada una de tus presentaciones y ventas. Este programa contiene ideas y principios que te ayudarán a aumentar tus ventas y a explotar al máximo tu potencial.

Pasos hacia la cumbre del éxito
Este programa te enseña a descubrir y aprovechar las múltiples oportunidades que la vida ofrece, indicándote los pasos necesarios para convertir tus sueños en realidad.

Cómo crear abundancia en su vida
Este audiolibro te proporciona valiosos instrumentos para alcanzar la libertad financiera; y te permite conocer cuál es el secreto de las personas que han logrado crear abundancia en sus vidas, elemento clave para alcanzar tu éxito económico.

El mensaje de los sabios
En lo más profundo de la mente humana habitan ciertos poderes adormecidos que el ser humano jamás soñó poseer, poderes que le asombrarían, fuerzas que revolucionarían su vida si despertaran y entraran en acción. En ´El mensaje de los sabios´ el doctor Cruz comparte con nosotros cinco estrategias que nos permitirán descubrir cómo utilizar al máximo el poder del pensamiento, información que nos ayudará a convertirnos en los triunfadores que estamos destinados a ser.

Cómo comunicarnos en público con poder, entusiasmo y efectividad
Saber cómo comunicar nuestras ideas en público con fuerza y efectividad es un factor determinante para nuestro éxito personal y profesional. Una gran mayoría de nuestras actividades diarias involucra la interacción con otras personas, así que hablar en público con convicción y entusiasmo determinará qué tan lejos podemos llegar en el juego de la vida. En este programa el doctor Cruz nos proveerá estrategias para desarrollar el carisma que nos convertirá en excelentes comunicadores.

Para ordenar cualquiera de nuestras obras, o pedir información acerca de nuestros talleres o seminarios, comuníquese con nuestras oficinas en Florida en la siguiente dirección:

1700NW 65th Avenue - Suite 8
Plantation - Florida 33324
Teléfono: (954)321-5560 - Fax: (954)321-5422
Email: info@elexito.com - Sitio de Internet: www.elexito.com